本书获长沙学院工商管理湖南省"双一流"应用特色学科资助
教育部人文社科研究规划基金项目（18YA790026）、湖南省教育厅科学研究"双一流"学科重点项目（18A371）、湖南省社科评审委员会课题（XSP18YBZ019）、湖南省社科联智库课题（ZK2018003）阶段性成果

内生增长视角下中国自主创新研究
——要素配置、模式选择与实现路径

Research on China's Independent
Innovation from the Perspective of Endogenous Growth
—Element Configuration, Mode Selection and Realization Path

郭红卫／著

图书在版编目（CIP）数据

内生增长视角下中国自主创新研究：要素配置、模式选择与实现路径/郭红卫著. —北京：经济管理出版社，2019.12

ISBN 978-7-5096-4843-8

Ⅰ.①内… Ⅱ.①郭… Ⅲ.①技术革新—研究—中国 Ⅳ.①F124.3

中国版本图书馆 CIP 数据核字（2019）第 249920 号

组稿编辑：郭丽娟
责任编辑：任爱清
责任印制：黄章平
责任校对：王淑卿

出版发行：经济管理出版社
（北京市海淀区北蜂窝 8 号中雅大厦 A 座 11 层 100038）

网　　址：www.E-mp.com.cn
电　　话：(010) 51915602
印　　刷：北京玺诚印务有限公司
经　　销：新华书店
开　　本：720mm×1000mm/16
印　　张：11.75
字　　数：163 千字
版　　次：2019 年 12 月第 1 版　2019 年 12 月第 1 次印刷
书　　号：ISBN 978-7-5096-4843-8
定　　价：65.00 元

·版权所有　翻印必究·

凡购本社图书，如有印装错误，由本社读者服务部负责调换。
联系地址：北京阜外月坛北小街 2 号
电话：(010) 68022974　邮编：100836

前　言

科技进步和创新已经成为经济社会发展的重要推动力量，提高中国自主创新能力正成为调整经济结构、转变经济增长方式、提高国家竞争力的中心环节，建设创新型地区和创新型国家将是面向未来的重大战略选择。近年来，自主创新问题成为理论界经济问题研究的热点。这个问题首先是一个技术发展和演进的问题。考察技术的发展周期，试图缩小中国与发达国家的技术差距并适时超越某些关键领域的技术发展水平时，必须重视自主创新的模式选择问题，同时又不能忽视自主创新进程中的阶段性特征。中国现阶段自主创新的特点及现实国情决定了其内容将随着自主创新进程的推进发生相应的变化。目前，大多数研究者把注意力集中在企业技术创新的机制、技术创新的扩散、创新组织结构等问题上。如何从宏观视角探讨技术的内生问题，把握自主创新的阶段性特征，结合中国经济发展工业化中后期的现实状况，通过对自主创新模式的理论探索，找到一条具有中国特色的自主创新之路是一个亟待解决的问题。

从自主创新的进程来看，自主创新最核心的问题实质上是自主创新进程中知识本身的增长，如何生产知识，什么因素决定了资源向知识生产配置的问题，即知识的内生增长问题。本书从经济增长的理论出发，探讨经济增长与技术进步之间的关系，建立了基于内生增长的技术创新模型

(自主创新理论模型)，得出了中国自主创新的理论模式，在分析中国自主创新现状的基础上，借鉴国外自主创新的经验，探求中国自主创新的实现路径。

本书的内容安排如下：

第一章为绪论。包括问题的提出、研究意义、研究方法、基本结构与主要内容、主要创新点及不足。

第二章为国内外文献综述。从国内和国外两个角度分别对技术创新和自主创新的模式和实现路径的相关研究做了较为全面的综述和简要评价。

第三章为基于内生增长的技术创新模型。通过对经济增长理论模型（如研究和开发与增长模型、干中学模型等）的分析，提炼出自主创新进程中技术进步的两大经济要素：实物资本（Physical Capital）与人力资本（Human Capital），以此为基础建立了基于内生增长的技术进步模型（自主创新理论模型），通过对模型的动态和静态分析，探讨了自主创新的技术演化规律，从而为后续章节自主创新模式和路径的研究奠定了理论基础，在该章的最后还结合实际数据进行了实证分析。

第四章为中国自主创新的现状、问题和成因。从中国自主创新中R&D经费投入情况、科技活动人员变化特点、承担主体、高科技产业的技术进步状况、自主创新产出分析等方面对中国自主创新的现状进行了分析，并指出中国自主创新中存在的问题，分析了造成这些问题的原因。

第五章为日美韩技术创新模式比较与借鉴。分别对日本、美国、韩国等国的技术创新模式进行了深度剖析，总结了这些国家自主创新成功和失败的经验教训，运用横向和纵向比较相结合的方法，对这些国家的自主创新模式进行了简要的评价。

第六章为中国自主创新模式的选择。通过对中国工业化中后期经济发展水平的分析，判断中国目前人力资本和实物资本的数量和水平（也就是技术进步模型演变路径的起点），在知识增长模型演化规律的基础上得

前言

出中国自主创新必须是市场和技术同时驱动的自主创新模式的结论,并在此基础上进行了实证分析。

第七章为中国自主创新的实现路径。指出中国自主创新的实现路径分为三个阶段,在此基础上,分别对中国发达地区和欠发达地区自主创新的实现路径进行了阐述和实证分析。从中国自主创新实现路径的制度支持角度,对财政供给制度、风险投资制度、国家创新体系构建三个方面分别进行了分析,以最大限度地发挥制度创新对自主创新的支持作用。

目 录

第一章 绪 论 ·· 1
 第一节 问题的提出 ·· 1
 第二节 研究意义 ·· 2
 第三节 研究方法 ·· 3
 第四节 基本结构与主要内容 ·· 4
 第五节 主要创新点及不足 ·· 5

第二章 国内外文献综述 ·· 7
 第一节 国外文献综述 ·· 7
  一、内生增长理论 ·· 7
  二、技术创新理论 ·· 11
  三、技术创新模式 ·· 14
  四、自主创新的实现路径 ·· 18
 第二节 国内文献综述 ·· 20
  一、自主创新理论 ·· 20
  二、自主创新模式 ·· 25
  三、自主创新的实现路径 ·· 27

第三章 基于内生增长的技术创新模型 ································ 31
 第一节 基于内生增长的技术创新模型 ······························· 31

一、基于技术创新视角的经济增长模型分析 …………… 31
二、基于内生增长的技术创新模型（自主创新模型）构建…… 36
第二节 自主创新模型的静态和动态分析 ………………………… 40
一、g_A 的动态学分析 ………………………………………… 40
二、g_h 的动态学分析 ………………………………………… 41
三、模型的稳态分析 ……………………………………………… 42
第三节 自主创新模型的实证分析 ………………………………… 46
第四节 自主创新进程中物质资本投入及其配置状况 …………… 50
第五节 自主创新进程中人力资本投入及其配置状况 …………… 54
一、R&D 人力资源总体情况 …………………………………… 54
二、研发人力资源在自主创新进程中的配置状况 …………… 55
三、研发人力资源在自主创新进程中配置存在的问题 ……… 58

第四章 中国自主创新的现状、问题和成因 …………………… 62
第一节 中国自主创新的现状分析 ………………………………… 62
一、中国自主创新 R&D 经费投入情况 ………………………… 62
二、中国自主创新的科技活动人员变化特点 ………………… 64
三、中国自主创新的承担主体 ………………………………… 66
四、中国自主创新中高科技产业的技术进步状况 …………… 67
五、中国自主创新产出分析 …………………………………… 70
第二节 中国自主创新存在的主要问题 …………………………… 73
一、重技术引进，行业技术进步主要依靠模仿创新的方式 … 74
二、企业在自主创新中的主体地位不明显 …………………… 78
三、自主创新所必需的投融资基础条件还比较薄弱 ………… 78
四、自主创新的宏观环境尚不尽如人意 ……………………… 79
五、人力资源配置体制的僵化对自主创新极为不利 ………… 80
第三节 中国自主创新存在的主要问题及其主要原因 …………… 81

第五章 日美韩技术创新模式比较与借鉴 …… 84
第一节 日本的技术创新模式 …… 84
一、日本的自主创新历程 …… 85
二、日本自主创新模式成功之处 …… 86
三、日本自主创新的不足之处 …… 89
四、日本自主创新模式对中国自主创新的借鉴意义 …… 90
第二节 美国的技术创新模式 …… 91
一、美国自主创新模式成功之处 …… 91
二、美国自主创新的不足之处 …… 94
三、美日技术创新模式的比较 …… 95
第三节 韩国的自主创新模式 …… 96
一、韩国的自主创新历程 …… 97
二、韩国自主创新模式的成功之处 …… 99
三、韩国自主创新模式的不足之处 …… 100
四、韩国自主创新模式对中国自主创新的借鉴意义 …… 102

第六章 中国自主创新模式的选择 …… 104
第一节 中国工业化中后期经济发展水平与自主创新模式 …… 104
一、中国工业化中后期物质资本水平特点 …… 105
二、中国工业化中后期人力资本水平特点 …… 108
三、中国工业化中后期技术水平特点 …… 113
第二节 中国自主创新模式选择的市场导向性 …… 118
一、自主创新模式市场导向性的理论分析 …… 118
二、自主创新模式市场导向性的实证分析 …… 121
第三节 中国基于市场和技术驱动的自主创新模式选择 …… 124
一、技术对自主创新的推动作用 …… 124
二、自主创新的模式选择 …… 129

第七章 中国自主创新的实现路径……………………………………131
第一节 中国自主创新实现路径的三个阶段………………………131
一、中国自主创新实现路径阶段性的理论基础………………131
二、中国自主创新的技术使用阶段……………………………133
三、中国自主创新的技术改进阶段……………………………134
四、中国自主创新的技术创造阶段……………………………135
第二节 中国区域自主创新的实现路径……………………………136
一、中国强势地区自主创新的实现路径………………………136
二、中国弱势地区自主创新的实现路径………………………137
第三节 中国自主创新实现路径的制度支持………………………138
一、中国自主创新财政供给制度及完善………………………139
二、中国自主创新风险投资制度及完善………………………140
三、中国国家创新体系构建的对策和建议……………………142

附录1 中国2009~2017年三种专利申请受理量……………………145

附录2 中国2009~2017年三种专利申请授权量……………………148

附录3 世界主要国家2009~2017年专利申请授权数………………151

附录4 世界主要国家2009~2017年发明专利申请授权数…………154

附录5 世界主要国家2009~2017年实用新型专利申请授权数……157

附录6 世界主要国家2009~2017年外观设计专利申请授权数……160

参考文献……………………………………………………………………163

后　记………………………………………………………………………175

第一章 绪 论

第一节 问题的提出

中国正从经济大国向经济强国转变。在这个过程中,经济增长因素也在不断变化,如何实现经济可持续增长是世界各国共同面临的问题。传统产业向知识型产业转型,产品生命周期不断缩短,产品的科技含量越来越高,科技水平越来越成为一个国家综合国力的重要体现。而就国际环境而言,国际竞争的优势向拥有较强技术创新能力的国家和地区倾斜的趋势未得到根本性扭转,技术强势国家已占领了全球产业链的高端。据统计,技术创新对经济增长的贡献率由农业经济时代的10%上升到知识经济时代的80%以上。在日趋增强的环境、资源压力下,经济结构调整和经济发展方式转变的重要性被摆在了前所未有的位置上。在中国经济由高速增长阶段向高质量发展阶段转变的过程中,经济发展中对技术需求的日益增长与技术能力的供给不足之间的矛盾越来越突出,技术对于经济发展的遏制性已越来越成为中国经济社会发展的主要制约因素。与此同时,经济全球化带来了国内市场和国际市场的深度融合,同时掌握生产和研发先进技术的大型跨国公司主导世界经济的力量不断上升,对先进技术的封锁政策也丝毫没有放松，中国引进先进技术的难度在进一步加大，以"市场换技术"的思路受到严峻挑战。在综合国力竞争日趋激烈的形势下，自主创新能力严重不足已经对中国经济社会的健康和可持续发展构成严重威胁，有效地提高中国自主创新能力始终是摆在我们面前一道不可逾越的鸿沟。在这种状况下，提高自主创新能力，加快自主创新进程，是中国增强国际竞争力、保持经济可持续增长的必然选择。

近年来，自主创新问题成为理论界经济问题研究的热点。这个问题首先是一个技术发展和演进的问题。考察技术的发展周期，试图缩小中国与世界发达国家的技术差距并适时超越某些关键领域的技术发展水平时，必须重视自主创新的模式选择问题，同时又不能忽视自主创新进程中的阶段性特征。中国现阶段自主创新的特点及现实国情决定了其内容将随着自主创新进程的推进发生相应的变化。目前，大多数研究者把注意力集中在企业技术创新的机制、技术创新的扩散、创新组织结构等问题上。如何从宏观视角探讨技术的内生问题，把握自主创新的阶段性特征，结合中国经济发展工业化中后期的现实状况，通过对自主创新模式的理论探索，找到一条具有中国特色的自主创新之路是一个亟待解决的问题。

第二节　研究意义

从理论上来说，目前学术界对中国自主创新问题正掀起一轮研究热潮，但各方面的探索和研究多集中在微观层面和产业层面上，而缺乏对中国自主创新的宏观环境的系统思考。然而自主创新并不是一味地效法和模仿发达国家或技术领先国家的创新方法，自主创新的核心问题是要找到一条具有中国特色的自主创新之路。在此基础上，要确保这条道路得以成功，仅靠自主创新主体的努力还远远不够，政府必须发挥重要作用。由于各国技术基础条件、经济发展水平、市场化程度、社会制度文化不同，政府采取的政策和发展战略并不相同，因此，本书认为，中国必须结合自主创新的阶段性特征探讨自主创新的模式和实现路径，才能取得自主创新的成功。

从现实来看，科技创新已成为经济社会发展的重要推动力量，自主创新是提高国家竞争力的必然选择，是我国深入实施创新驱动发展战略的现实需要。与发达国家相比，中国企业的技术水平目前在国际上还只处于中等水平，与发达国家的差距依然很大，技术进步在很大程度上主要依赖对国外先进技术的进口，技术创新在一定程度上依靠FDI的技术外溢效应来跟踪和模仿。而某些发达国家所奉行的知识垄断和知识霸权，使中国在技术引进的基础上必须逐步发展到建立健全国家创新体系，从而避免从"技术依赖"到"主权依赖"，中国要实现生产力的跨越式发展，发挥"后发优势"，就必须大力推进自主创新。因此，如何借鉴发达国家自主创新历程中的有益经验，避免技术创新路径选择错误所出现的严重后果，不错过中国经济转型和经济稳步增长的背景下提高自主创新能力的大好时机，是摆在我们面前刻不容缓的紧要问题。

第三节　研究方法

本书主要采用以下三种方法系统研究自主创新模式及路径选择：

第一，内生增长理论的研究方法。通过对内生增长理论的深度剖析，分析中国自主创新问题的理论基础，进而揭示物质资本、人力资本与自主创新之间相互作用的内在机理和作用形式，并结合技术创新、国家创新系统等理论探讨适合中国特点的自主创新模式和实现路径问题。

第二，规范分析与实证分析相结合。自主创新模式研究是一个涉及经济增长理论、技术经济学、发展经济学、经济博弈论等多学科相关理论的研究领域。因此，本书从内生增长的角度构建自主创新过程中的知识增长模型，以便从理论上更好地阐述自主创新的模式和实现路径，并辅以实证分析。

第三，历史分析与比较分析相结合。自主创新是一个不断演化和进化的过程，所以动态研究是揭示其本质特征的根本方法。但是，单纯的动态研究其复杂性更大，因此，本书针对中国目前工业化中后期的特点，同时选择发达国家自主创新的相应时期来进行静态比较研究，从动态和静态相结合的角度加深对自主创新问题的认识。

第四节 基本结构与主要内容

本书共分七章，其主要内容如下：

第一章为绪论。包括问题的提出、研究意义、研究方法、基本结构与主要内容、主要创新点及不足。

第二章为国内外文献综述。从国内和国外两个角度分别对技术创新和自主创新的模式和实现路径的相关研究做了较为全面的综述和简要评价。

第三章为基于内生增长的技术创新模型。通过对经济增长理论模型（如研究和开发与增长模型、干中学模型等）的分析，提炼出自主创新进程中技术进步的两大经济要素：实物资本（Physical Capital）与人力资本（Human Capital），以此为基础建立了基于内生增长的技术进步模型（自主创新理论模型），通过对模型的动态和静态分析，探讨了自主创新的技术演化规律，从而为后续章节自主创新模式和路径的研究奠定了理论基础，在该章的最后还结合实际数据进行了实证分析。

第四章为中国自主创新的现状、问题和成因。从中国自主创新中R&D经费投入情况、科技活动人员变化特点、承担主体、高科技产业的技术进步状况、自主创新产出分析等方面对中国自主创新的现状进行了分析,并指出中国自主创新中存在的问题,分析了造成这些问题的原因。

第五章为日美韩技术创新模式比较与借鉴。分别对日本、美国、韩国等国的技术创新模式进行了深度剖析,总结了这些国家自主创新的成功和失败的经验教训,运用横向和纵向比较相结合的方法,对这些国家的自主创新模式做了简要的评价。

第六章为中国自主创新模式的选择。通过对中国工业化中后期经济发展水平的分析,判断中国目前人力资本和实物资本的数量和水平(也就是技术进步模型演变路径的起点),在知识增长模型演化规律的基础上得出中国自主创新必须是市场和技术同时驱动的自主创新模式的结论并进行了实证分析。

第七章为中国自主创新的实现路径。指出中国自主创新的实现路径分为三个阶段,在此基础上,分别对中国发达地区和欠发达地区自主创新的实现路径进行了阐述和实证分析。从中国自主创新实现路径的制度支持的角度,对财政供给制度、风险投资制度、国家创新体系构建三个方面分别进行了分析,以最大限度地发挥制度创新对自主创新的支持作用。

综上所述,全书力求回答下述五个问题:一是自主创新的内涵是什么?怎样从内生增长的视角构建自主创新的理论模型?二是中国自主创新的现状与存在的问题是什么?有何成因?三是适合中国国情的自主创新模式是什么?四是实现自主创新的最佳路径是什么?五是如何从制度创新的角度最大限度地发挥制度对自主创新路径的支持作用?

第五节　主要创新点及不足

本书的主要创新点主要体现在以下几点:

(1) 以内生增长理论为切入点，主要从宏观层面来研究自主创新问题，相对于以往从微观主体角度研究技术创新来说是一种创新。

(2) 构建自主创新的知识增长模型，通过对模型的静态和动态学分析揭示中国自主创新模式和路径的理论基础，不仅将逻辑的抽象性与实践的现实性结合，而且还进行了大量的实证分析。

(3) 从经济增长与技术演进相结合的视角，重视经济发展的阶段性特征，对发达地区和欠发达地区自主创新路径进行了分类，以求做到与各自的资源条件和技术基础相一致。

本书的不足之处在于，对自主创新的宏观层面和微观层面的结合，还需做进一步的研究。

第二章　国内外文献综述

第一节　国外文献综述

一、内生增长理论

经济增长理论源远流长，其核心是对经济增长源泉的探索。围绕这一问题，经济学家们穷其智慧和精力。

在经历了重商主义认为对外贸易是经济增长的发动机和重农主义将农业生产看成是经济增长的源泉后，威廉·配第（W. Petty，1662）在《赋税论》中把劳动看作是财富的主要源泉，强调劳动在价值创造中的作用。大卫·李嘉图（D. Ricardo，1819）在《政治经济学及赋税原理》中提出，资本的积累是经济增长的决定因素，强调资本在价值形成中的重要作用。奥地利籍经济学家熊彼特（J. Schumpeter，1911）则认为，创新是经济增长的动力，创新不断被新的创新所替代，其演进特征将内生地决定经济增长的模式，而创新的发起者则是具有远见卓识、组织才能、敢于冒险的企业家，他们推动经济周期的变动从而达到经济增长。

在经济增长理论发展中,把经济增长作为一个独立的、专门的研究领域是从英国经济学家哈罗德和美国的经济学家多马开始的(Harrod and Domar,1948,1949)。即"哈罗德—多马模型"(Harrod-Domar Model)。该模型的结论是:增长率随储蓄率增加而提高,随资本—产出比扩大而降低,但这一模型提出的经济的增长路径是不稳定的。

索洛(Solow,1956)开新古典经济增长理论之先河。他认识到,按照资本报酬递减规律的原理,资本总量的增加将会导致经济增长速度的减缓,从而穷国的经济增长速度应快于富国,但实际情况完全不是这样。为了从理论上解释现实中经济长期增长的状况,新古典增长理论将外生的技术进步引入了理论体系。索洛与其他学者如斯旺(Swan,1956)一起提出了索洛模型,他们认为,在经济被视为完全竞争的条件下,存在着一条均衡的增长路径。从理论价值上来讲,虽然模型对新古典增长理论做出了巨大的贡献,但由于模型是从经济总量的视角来研究经济增长的,并没有在模型中考虑现实经济中单个家庭的理性消费以及所发生的个人跨期最优选择行为,因而缺乏微观基础。拉姆齐(Ramsay,1928)、卡斯(Cass,1965)、库普曼斯(Koopmans,1965)的模型虽然考虑了理性的个人跨期最优化选择行为,却因使用了生产函数中资本边际生产力递减的假设而得出了绝对趋同结论,因而又与现实产生了不一致。AK模型则在借鉴理性代表性个人跨期最优化选择行为的基础上,采用资本的边际生产力不变的生产函数,得出了均衡增长率不变的结论。

在超越索洛模型中技术进步外生性的框架下,经济学家们又提出了一系列的内生增长理论。与新古典理论相比,以Romer(1936)、Lucas(1988)等为代表的新一代内生经济增长理论则采取了完全不同于以往的假设。他们都假设技术进步是内生的,并通过考虑跨期最优化选择行为来内生决定最优储蓄率从而避免了因外生技术进步假设所必然得出的各国经济增长绝对趋同这一与经济发展现实完全不符的结论。这样,经济增长的内生驱动因素、建立在微观基础之上的各种内生因素的逐渐积累以及其促进经济增长的作用机制则成为内生增长理论更为着重强调的因素。

内生经济增长模型始于干中学（Learning-by-doing）模型。在总结前人研究结论的基础上，Arrow（1962）提出了这一模型。干中学模型认为，知识的创造是投资的一个副产品，这个副产品可以抵消投资规模报酬递减的效应从而使经济平稳增长。而模型中对于储蓄率的处理仍然是采用将储蓄率看作是投资收益率的函数来考虑的，在极端的情况下将储蓄率看作是一个固定不变的常数。所以，虽然 Arrow 也曾指出，尽管未来的研究方向应该包括教育和科研机构，但因为学习只是正常经济生产的副产品，没有将现实中大量存在的专门进行知识生产的机构纳入模型中，因而其考虑也略显不足。内生增长理论将"知识"作为技术进步的动力，使索洛"余数"内生化，因而使干中学模型建立在更为坚实的基础之上，使新古典增长中的"技术进步"第一次成为一个内生变量而作用于经济增长。

而"知识"与人力资本及其概念有着密切的关系。人力资本概念的引入丰富了内生增长模型的内涵。其实质是为了强调教育、技术、科研对经济增长的作用，原因在于它们都是生产人力资本的手段。在这方面，宇泽弘文（Hirofumi，1965）在其前期研究（1962年的两部门模型）以及索洛（Solow，1956，1962）和新海征治（Shinkai，1960）等的研究基础上，建立了最优技术进步的两部门经济增长模型。该模型的假设是：首先，经济中存在一个教育部门，教育部门生产人力资源，通过对教育部门的投资使教育部门生产人力资本，人力资本经过不断积累保证经济能够实现持续增长；教育部门使用劳动提高了生产部门中生产函数的劳动效率，再加上假定劳动效率的变化是投入到教育部门的劳动与社会总劳动比例的函数。其次，生产部门的最终产品在消费和投资之间进行分配。最后，衡量经济增长路径优劣的评判标准是代表性个人人均消费流贴现值的最大化。这样，因为人力资本部门的生产函数具备线性的规模收益不变的特性，并且经济中不存在任何固定的生产要素，模型得出了经济最终将实现平衡增长的结论。

罗默（Paul M. Romer, 1986）提出了知识溢出的概念，并先后建立了完全竞争条件下和垄断竞争条件下的内生技术经济增长模型。该模型三个重要的假设如下：知识的外部性、生产中存在的规模报酬递增、知识创新中存在的规模报酬递减。在完全竞争市场的条件下，再加上知识这一投入要素的积累的无边界性，所以导致经济的增长也就相应地没有边界，经济增长无极限。而在罗默的两时期模型中，不考虑政府干预，典型代表人在其生存的第一期内消费初始的产品禀赋，在第二期内利用知识和其他要素一起进行消费品生产。在模型中，知识是可积累的，而其他要素则是不可积累的，其供给量也应该是固定不变的。这样，罗默实际上假设了只有不断积累的知识才可充当增长的引擎，而诸如实物资本、劳动力等其他生产要素则因其不可积累性而导致无法充当增长的发动机。

卢卡斯（Robert E. Lucas, 1988）在前人的基础上提出了改进型的内生增长模型：人力资本溢出模型。他假定在全经济范围内的人力资本存在外部性，而全经济范围内的外部性是由人力资本溢出造成的，因而人力资本既具有内部效应又具有外部效应。所有人力资本的积累都通过干中学的方式进行，没有人口数量变化和实物资本，只有消费品。外部性扭曲的结果是，人力资本的私人边际收益小于社会边际收益，因而完全竞争均衡下的经济增长速度也要相应地小于最优均衡的经济增长速度。因此，作为对人力资本外部性的补偿，卢卡斯认为，应通过对教育实行补贴和采取适当的产业政策两个手段来提高整个社会的福利，但产业政策在现实中往往缺乏效率，不能充分达到提升整个社会福利的效果。

内生增长理论的提出综合了技术进步（技术创新）、人力资本、知识积累对经济增长的影响。在现实意义上，内生增长理论指出了经济增长的源泉，使人们更加清醒地认识到由于知识积累而导致的技术进步在现代经济发展中所起到的至关重要的作用。至此，经济学家们对经济增长的观点越来越趋近于一致，同时也初步搭建起了现代经济增长理论的理论框架。

二、技术创新理论

一般认为，首次提出"技术创新"概念并将其引入经济学体系，使之成为一个很有影响的理论的，应属于美籍奥地利经济学家熊彼特（J. A. Schumpeter）。20世纪30年代末，从论证技术变革对经济非均衡增长及社会发展非稳定性的影响出发，熊彼特首先提出了技术创新的概念及创新理论。熊彼特在《经济发展理论》（1911）一书中，首次提出了"创新"（Innovation）的概念。进而在《资本主义的非稳定性》（1928）中又提出了"创新是一个过程"的理念，并在《商业循环》（1934）及《资本主义、社会主义和民主主义》（1942）等多部著作中，对创新理论进行了较为系统、全面的阐述。1911年，熊彼特把创新界定为一种新的生产函数的建立，指出创新是企业家对生产要素的新组合，也就是把一种从来没有过的生产要素和生产条件的新组合引入生产体系，进而形成一种新的生产能力，最终获取潜在利润。最终熊彼特把创新归纳为五种类型：一是研发一种新的产品或开发产品的一种新的功能；二是采用一种新的生产方法；三是开辟一个新的市场；四是获得一种原料或半成品的新的供给来源；五是采取一种新的企业组织形式。可见，熊彼特所论述的创新概念是基于企业层面的，而且范围比较广泛，其内容从产品创新一直到市场创新、组织创新、管理创新。他认为，技术创新对经济发展起到周期性的作用，经济周期的形成与创新活动密切相关，创新活动时而高涨、时而停滞决定了经济和社会的发展也不是均匀的，时而繁荣，时而衰退，呈现出一定的周期性，并由此解释了经济增长的不平稳性。

沿着熊彼特的研究轨迹，国外学者对技术创新的研究投入了很大的精力。对技术创新形式的研究也从R&D（技术研究与开发）开发性研究，再到系统研究，最后到目前的多因素、多维度、交叉性综合研究。在这期间，虽然对技术创新的内涵经过了反复争论和不断探讨，但技术创新内涵的复杂性使技术创新一直没有一个被完全认同的定义。只是在这一过程中，学者们从不同角度给出了更为深入而精确的界定，使技术创新的内涵越来越贴近现实。

在科学技术迅猛发展的背景下，从20世纪50年代起，学术界对技术创新给予了更多关注的目光。索洛（Solow，1951）在《在资本化过程中的创新：对熊彼特理论的评论》一文中，首次提出了技术创新的两个阶段：新思想来源阶段和以后的实现发展阶段。"两阶段论"被学术界认为是技术创新概念界定研究上的一个标志性的转折点。伊诺思（J. L. Enos，1962）在《石油加工业中的发明与创新》一文中开宗明义地将技术创新定义为，技术创新是多种行为活动的综合，这些行为活动的范围从发明的选择、资本投入保证到组织建立、制订计划、招用工人和开辟市场。该定义是从行为集合的角度而言。与伊诺思不同的是，林恩（G. Lynn，1961）从时序的角度研究技术创新。他认为，技术创新是始于技术的商业盈利潜力的认识，而终于将其完全转化为产品化生产的一个完整的时间过程。曼斯菲尔德（M. Manthfield，1965）则将技术创新以"一项发明的首次商业化应用"一语而定义之，并在1982年出版的《产业经济学》中指出："在经济学意义上，只有首先被引进商业贸易活动的那些新产品、新工艺、新制度或新设计才称得上创新。"可见，曼斯菲尔德十分强调技术创新的商业化应用。这种思想后来被学者所接受并加以深化，例如，厄特巴克（J. M. Utterback，1974）在《产业创新与技术扩散》一文中指出，创新是技术的首次应用或实际采用。

从20世纪60年代开始，美国国家科学基金会（National Science Foundation of U. S. A.，NSF）开始了对技术创新的研究，这标志着技术创新问题已经上升到国家发展战略层面。项目的主要负责人梅耶斯和马奎斯（S. Myers and D. G. Marquis，1969）在其研究报告《成功的工业创新》中将技术创新定义为，技术创新是一个复杂的活动过程。在这个过程中，首先，新思想和新概念是开始；其次，不断解决出现的各种问题；最后，是一个有实际经济价值和社会价值的新项目得到成功的应用。之后，美国国家科学基金会（NSF，1974）对技术创新的界定做了进一步的拓展，认为技术创新包括两大类型：一是某种重大的技术创新；二是普遍意义上的具有代表性的技术变革，从而将模仿创新和不需要引入新技术知识的技术改进作为较低层次上的创新划入了技术创新范围，技术创新的研究视野不断扩充。

关于技术创新定义的观点远远不止这些。英国学者斯通曼（P. Stoneman，1973）认为，技术创新是首次将科学发明或研究成果进行应用开发并进入销售市场而获得利润的过程。美国国会图书馆研究部（U.S. CLRD，United States Congress Library Research Department，1976）提出，技术创新是新产品或新工艺从商业化到市场应用成功的一个完整过程，包括最初的设想、开放研究方法、商业化生产到营销运作扩散过程等在内的一系列行为。世界经济合作与发展组织（OECD，1978）则提出，技术创新可以定义为使一种设想变成在工商业活动过程中市场占有率好的产品或改进后的产品的交换。德鲁克（Peter F. Drucker，1984）认为，创新行为就是运用资源来创造财富的新能力。日本技术论专家森谷正规（1979）则认为，技术创新就是因技术的开发推广从而开辟了新的市场，并不断刺激了经济的发展，最终形成了足以迅速改变现实的社会和生活方式的新的经济能力。技术创新内涵中的经济价值和社会价值因素被得以不断强化。

缪尔塞（R. Mueser，1985）对自熊彼特起至今半个多世纪内的技术创新的定义进行了完整的分析，从而为进一步对创新进行研究提供了更充分的理论依据。他发现，在其收集文献中，有3/4的研究者对技术创新的定义可以接近于以下思路：当一种新思想和非连续性的技术活动持续一段时间后，能发展到实际和成功应用的技术过程，就是技术创新。于是缪尔塞将技术创新重新定义为技术创新是非连续性事件，其特征为构思的新颖性以及成功的实现，从而强调了技术创新的转化。

从西方学者对技术创新内涵的界定来看，概括起来主要有两种观点：一种是基于发明和创新的联系和区别的视角来理解的狭义的技术创新，强调技术创新中技术的发起性，注重技术与经济的结合，其代表人物如曼斯菲尔德；另一种是从技术、市场、管理和制度等生产系统或经济系统的要素的角度来理解的广义的技术创新，强调技术与市场的结合以及技术创新的商业化应用，如美国国会图书馆研究部等的定义。

三、技术创新模式

在对技术创新内涵研究的基础上，随着大量技术创新实践案例的涌现，许多研究者沿着熊彼特的开创性研究，根据不同时期技术发展特点和组织方式的差异以及产业趋势的不同，开始深入分析技术创新的不同模式，归纳起来主要有以下几种模式：

（一）线性创新模式

早在19世纪末，人们就开始把R&D视为技术创新的源泉，并把它与基础研究一起看作是促进科学发展的主要动力。冯·西门子（1883）指出，一国工业，如果不同时处于科学进步的前列，将永远不能取得统治地位，先进的科学是促进工业发展最有效的手段。此后，德国工业率先在内部建立了R&D机构，有力地推动了产品创新和过程创新，从而在一国内部建立起由基础研究到R&D实验室再到应用和创新的线性创新模式。在这个历史时期，R&D系统被看作是唯一创新之源。这一观点认为，技术创新从基础研究开始，而后经历基础研究、应用研究、开发研究、创新、生产最后至于销售，各环节间保持一种直线联系。这种线性模式是由技术推动的，成为"二战"以后美国国家科学政策的基础，并竞相被其他国家所效仿。美国总统的科学顾问万尼瓦尔·布什（Vannevar Bush，1944）指出，基础研究是对一般知识以及自然界及其规律的认识的贡献，是技术进步的先驱，也是技术进步的一个长远而强大的动力，因为应用研究与开发能把基础科学的发现转化为技术创新，这是一种动态的一维线性模式。

这种线性模式在科学学科交叉程度不高的情况下一直是技术创新的主导模式，但是随着科技的发展也暴露出明显的缺点，主要是没有反馈线路，技术创新的方向存在路径依赖，缺乏考虑技术创新组织和环境的复杂性，技术创新的市场风险很高，而成功的技术创新往往需要用户、供给者、设计、营销和服务环节等多方面的配合。

(二) 市场需求拉动模式

线性创新模式在19世纪70年代初开始受到挑战。这一时期有关技术创新的研究广泛地使用了统计和计量等分析方法，以确定技术创新和经济增长的定量关系。美国宾夕法尼亚大学的施穆克勒教授（Schmookler, 1966）是"需求拉动首位权重说"的积极倡导者。他在考察了四个不同行业中的近千种创新案例后，发现技术进步并非一个纯粹随机过程，而是一个有市场力量引导的过程，于是提出市场增长和市场潜力是决定发明活动的速度和主要方向的新观点，并认为市场需求不仅是技术创新活动的基本起点，也是技术创新活动的重要动力源泉和成功保证，市场需求在创新过程中起了关键性的作用。英国伯明翰大学的罗纳德·阿曼和朱利安·库泊（1972）也认为，需求拉力对技术创新的激励具有普遍性，对某种特殊产品或生产工艺过程的需求，是创新的最基本动因。基于施穆克勒等的研究，后来学者提出了技术创新过程的需求拉动模式，并将施穆克勒模式简化为一种线性模式，以与技术创新线性模式相对应。市场需求模式强调市场是R&D构思的来源，市场需求为产品和工艺创新创造了机会，并激发企业为之寻找可靠的技术方案，从而使研究与开发活动风险降低。这种模式的一个显著特点是，市场需求主导了创新目标和创新过程。从一定意义上说，该模式是一种实用的技术服务型创新模式。

(三) 市场需求与技术混合拉动模式

莫厄里和罗森伯格（D. Mowery and N. Rosenberg, 1979）通过对创新

产品市场需求数据的分析，由于发现数据被看作是与任何经济成分无关的纯科学事件，使市场需求拉动的因素被放大，而技术推动的因素常常被低估。在现实经济生活和产业组织发展过程中，出现这样局面的情况极为罕见。"需求拉动"结论有失偏颇。正如莫厄里和罗森伯格所概括的，随着社会的不断发展，人们的消费水平不断提高，这就存在着各种各样的潜在的消费愿望，社会的各种需求也都潜伏着。当科学技术还没出现前，这种需求显露不出或显现不明显。一旦科学技术发明出现，便将把满足某种需求的可能性提供出来，由此社会需求就成为把科技发明转化为现实生产力的助推器，从而形成技术创新的推动力。可以认为，新的科学发现和技术发明是技术创新的"内发力"，而社会需求是技术创新的"牵引力"，前者是技术创新的内核裂变，后者是沿着某一领先方向起助推作用，因此，该模式也被称为技术创新的推拉综合模式。只有技术和市场的配合才是技术创新成功的决定因素。美国学者司托克斯（Donald E. Stokes, 1999）认为，技术推动与需求拉动两种模式的混合比较符合技术创新的一般规律，应该是推动技术创新的最重要的模式，并进一步将技术创新的一维线性模式修改为二维模式。

（四）技术创新的网络化模式

随着对技术创新模式研究的深入，人们越来越发现技术创新是一个复杂过程。罗斯韦尔（Rothwell, 1992）率先将这一复杂过程归纳为技术创新的网络化模式。这一模式的特征表现为企业间密切的战略合作、产业集群的大量涌现，以及企业更多地利用外部专家作为辅助开发力量，利用仿真模型代替实物模型，并采用技术创新过程一体的计算机辅助设计与计算机集成制造系统。同时，这种模式不仅把技术创新看作是一个跨部门的过程，而且也将其看作是跨机构、跨组织的网络过程，即视为一种"协整式"的创新方式。因为技术创新过程是在不断变化的，研究开发与生产组织的结构也因此随之改变，创新过程也越来越使用技术战略和企业间联系——纵向的客户和供应商联系以及横向的战略伙伴联系,这种联系加快了企业与外部的信息交换及协调,对创新具有重要影响和作用。在整个技术创新过程中,企业间密切的战略一体化和不断提高的创新过程电子化,极大地改变了创新过程的线性模式,使企业技术创新呈现网络化的布局。技术创新网络化模式最先应用在国家层面,形成了国家创新系统理论。随着某些重要区域的经济发展在整个国家经济发展中的重要性日益显现,技术创新网络化模式又被应用到区域层面,形成区域创新系统理论,从而丰富了国家创新系统理论的理论体系和研究视野。

(五)技术创新的集群式模式

大多数学者以国家创新系统理论和区域创新系统理论为基础,对技术创新的网络化机理进行了深入的研究。研究结果表明,除了技术本身因素以外,创新网络的成效似乎与创新主体的空间分布有很大关系,特别是美国硅谷和欧洲产业集群的成功为上述观点提供了强有力的支持,在国家创新系统理论和区域创新系统理论的基础上形成了集群式创新理论。库克和逊斯托克(Cook and Schienstock,2000)认为,产业集群共性技术创新系统是指在一定区域内,以某一主导产业为核心,集聚各种创新主体和资源,在一定的产业发展氛围下,以正式或非正式组织的形式,发生显性或隐性的合作关系,在整个产业链条内形成开放、动态的产业共性技术创新系统,从而使系统具备如下四个重要特征:一是区域性。技术创新是在一定地域范围内发生,政府在整个地域系统的建设中扮演主导角色。二是组织架构层次性。整个产业共性技术创新系统由创新主体、内部环境、外部环境三个层次组成,不同层次对技术创新的影响不同。三是内容开放性。与单个企业封闭式的自我创新不同,集群内的创新主体、内部环境不断与外部环境互动与交流,这一点与网络化的模式基本相同。四是目的性。产业共性技术创新系统的存在和发展是为了促进区域产业集群中的共性技术创新,加快产业集群升级步伐。可见,集群式创新模式是由具有明确地理界线和行政安排的创新网络与机构组成,这些创新网络和机构以正式和非正式的方式相互作用,从而不断提高内部企业的创新产出。该创新系统内部的机构包括研究机构、大学、技术转移机构、行业协会、银行、投资者、政府部门、企业网络、企业集群等。从这个意义上来讲,国家创新模式与集群创新模式之间存在显著的区别。前者的产业可能比较分散,不一定集中于某一产业,而后者主要集中于某一产业。从地域范围来看,前者的范围可能弹性更大。集群创新模式应该分为三个层次:第一层次是产业集群技术创新主体层,是指在当地政府主导下,建立行业技术中心,以它为核心,与企业、大学和科研院所、中介机构、金融机构等集群内的创新主体组成的集合;第二层次是产业集群技术创新内部环境层,是指集群内对创新主体产生影响的文化、基础设施、人力资源、政策法规等要素集合;第三层次是产业集群技术创新外部环境层,是指通过物质流、资金流、信息流、人才流等与集群内的创新主体和环境相互作用的集群外部要素的集合。同时,这三个层次并不是相互独立的,而是相互联系、相互依存和相互作用的。

四、自主创新的实现路径

国外学者对技术创新实现路径的研究一般分发达国家与后起国家两种不同的研究对象。

Abemathy 和 Utterback（1975，1978）基于对技术始发国的案例研究和统计分析,提出了具有开创意义的技术创新类型划分,即基于创新内容划分的产品创新与工艺创新、基于创新程度划分的根本型创新与渐进型创新,从而把创新过程划分为"流动、转化和特性"三个阶段,并指出了每个阶段的主导技术创新路线和创新源,这就是著名的"A-U"模型。该模型构成了发达国家技术创新与产业演化过程的分析框架,不仅为理解产品和工艺创新之间的关系、创新和产业演化之间的关系提供了线索,而且还有着较强的政策含义。

对于后起国家自主创新的演化路径最初研究也是在"A-U"模型基础上进行的,最终大多数学者得出了发展中国家的技术追赶与发达国家的技术变化不同,是一个反向的"A-U"过程,即是一个从工艺创新到产品创新、从生产能力到创新能力演化的过程。一般认为,发展中国家的技术能力演化是在技术引进的基础上、沿着既定技术路径发展的技术创新过程,但这个过程的具体演化轨迹却是难以确定的,学术界自20世纪80年代初对这一问题展开研究以来,已经出现了从不同角度对后起国家的自主创新路径进行分析的多种结论。

韩国学者金麟洙(Linsu Kim,1997)根据对韩国技术密集型产业如汽车工业、电子工业、半导体工业等200多家公司进行20年深入研究并在实证的基础上,通过分析发达国家和奋起直追国家的技术轨迹,提出了后起国家的技术创新模型。该模型指出,在奋起直追国家工业化的早期阶段,由于缺乏建立高效的生产运作体系的能力,不得不通过进口国外的先进技术来启动生产。现代技术结构不是"内生"的,必须从外输入。事实上这种依靠技术引进谋求快速发展的方式不只发生在特定成熟技术的传播过程中,即使在技术发展、成长和流动阶段也一样可能发生。其路径是一种逆向的"A-U"模式,是沿着"获得—消化—吸收—改进"的轨迹,走一条与发达国家的技术轨迹相反的道路。

Keun Lee等(2001)则建立关于技术努力(Technological Effort)和既存知识存量(the Existing Knowledge Base)的技术能力模型。在该模型中,可得的研发资源与研发努力的相互作用决定了公司的技术能力,而可得的研发资源包括内部的和可获得的外部知识存量以及金融资源等,公司的研发努力水平依赖于研发努力成功的概率。该文还区分了不同行业技术制度的区别,指出后起国家没有必要完全追随发达国家的技术发展路径,从而提出了技术追赶的三种模式:路径创造式、路径跳跃式和路径追随式。同时进一步指出,后起国家三段式的技术发展轨迹不仅发生在特定成熟技术的传播过程中，也发生在发达国家技术的转移与流动阶段。后起国家中那些已成功地获得、消化和吸收（甚至是改进）了引进的成熟技术的企业，可能会利用发达国家尚处于转移阶段的较高技术来重复这一过程，如果获得成功，就会最终积累本国的技术能力，在流动阶段就总结出新兴的技术，向发达国家的企业提出挑战。

综上所述，国外学者研究技术创新分为两类研究体系：一类是基于技术原创的视角，研究技术进化的轨迹、技术扩散的机制，大多以企业为中心，结合创新过程中市场结构的变化来研究技术创新的发展路径，属于原始创新的研究范畴；另一类是以发展中国家技术创新为研究对象，从技术追赶的角度来研究技术创新，研究"外来技术"对本国技术进步的影响机制、实际效率以及实现自主创新的有效路径，这一类研究对中国更具借鉴意义。

第二节　国内文献综述

一、自主创新理论

自主创新是中国目前理论界十分关注的热点问题，随着全球价值链体系的逐渐形成，为避免中国长期处于价值链"低端锁定"的不利境地，对自主创新的要求和呼声也日渐强烈。自主创新与技术创新既有联系又有区别：一方面，技术创新是自主创新的基础和前提，没有技术创新根本就谈不上自主创新；另一方面，技术创新并非必然发展成自主创新，自主创新不仅是为了适应市场的变化，在市场上取得率先者的地位，更重要的是为了培育和形成持续的自主创新能力，掌握核心技术的自主权，从而形成

第二章 国内外文献综述

持久的竞争优势。自主创新侧重于从长期可持续性创新来考虑，统筹谋划的是长期、中期、短期的技术创新活动。技术创新一般认为，是对现有技术的突破，获取技术的领先性；自主创新本质是通过创新取得对技术发展控制权和自主权的技术创新。鉴于自主创新与技术创新的关系，要清晰地获得自主创新的模式和实现路径的思路，首先不得不寻求技术创新的最初来源。

傅家骥、姜彦福、雷家骕（1992）等认为，技术创新是企业家抓住市场的潜在盈利机会，以获取商业利益为目标，重新组织生产条件和要素，建立起效能更强、效率更高和费用更低的生产经营系统，从而推出新的产品、新的生产（工艺）方法，开辟新的市场，获得新的原材料或半成品供给来源或建立企业的新的组织，它是包括科技、组织、商业和金融等一系列活动的综合过程。这一概念有两点应注意：一是该定义在技术的先进性方面没有做特别严格的要求；二是该定义把与技术开发应用相关的市场技术、管理技术等归入了技术创新范畴。

冯之浚、柳御林（1998）等认为，创新是一个从思想的产生，到产品设计、试制生产、营销和市场化的一系列的活动，也是知识的创造、转换和应用的过程，其实质是新技术的产生和应用。徐肇翔（1996）认为，技术创新是从新概念开始直至形成生产力并成功地进入市场这样一个过程。贾蔚文（1992）认为，技术创新是一个以市场为导向，以提高国际竞争力为目标，从新产品或新工艺设想的产生，经过研究与开发、工程化、商业化生产，到市场推广应用整个过程一系列活动的总和。许庆瑞（2000）认为，创新是指那种对于某一环境或组织来说是崭新的技术，对于旨在出售的新技术来说，技术创新的特征在于其第一次的商业应用。汪应洛（2001）认为，技术创新就是建立新的生产体系，使生产要素和生产条件重新组合，以获得潜在经济效益；就是从新概念的建立，到形成物质生产力，并成功地使创新产品成批地进入市场的整个过程。史世鹏（1999）认为，技术创新有狭义和广义之分，狭义的技术创新就是新技术产品的创始、演进和开发；广义的技术创新则是与高技术产品流通过程相重叠，它高于高技术产品流通过程，是由技术创新（狭义）、创新商业化、高技术产品扩散三个功能和商流、物流、信息流三个支柱及高技术产品、高技术体制和高技术意识三个要素构成。胡哲一（1992）指出，技术创新是以创造性和市场成功实现为基本特征的周期性技术经济活动的全过程。李京文、郑友敬（1988）将发明的第一次商业应用称为技术创新等。1999年出版的《辞海》将技术创新定义为：把一种或若干种新设想（新概念）发展到实际和成功应用的阶段，或一个从新产品或新工艺的设想产生到市场应用的完整过程。

1999年8月颁布的《中共中央　国务院关于加强技术创新、发展高科技、实现产业化的决定》，对技术创新概念进行了界定：技术创新是指企业应用创新的知识和新技术、新工艺，采用新的生产方式和经营管理模式，提高产品质量，开发生产新的产品，提供新的服务，占据市场并实现市场价值。企业是技术创新的主体。技术创新是发展高科技、实现产业化的重要前提。这一概念界定可以说是对上述研究成果的概括和总结，并指出中国技术创新的两个特点：一是技术创新必须以企业为载体，离开企业的组织实施，技术创新活动难以完成，强调企业是技术创新的发起者和主导者；二是技术创新以实现市场价值为目标，反映了技术创新是对新技术的研究开发、生产直至首次商业化全过程的经济技术活动，其核心是科技与经济的结合，强调技术创新必须要实现自身的社会价值和经济价值。

在探讨技术创新内涵的基础上，国内学者进一步开展了对自主创新的概念和内涵研究。施培公（1996）认为，自主创新具有不同层次的含义：当用于表征企业创新活动时，自主创新是指企业通过自身努力攻破技术难关来形成有价值的研究开发成果，并在此基础上依靠自身的能力推动创新的后续环节，完成技术成果的商品化，获取商业利润的创新活动；从策略上来讲，自主创新有时也用来表明一个组织或国家的创新特征，即不依赖于技术引进，而是依靠自身的科研开发实力独立进行技术创新并最终实现技术创新目标。上述定义从企业和国家两个层面对"自主创新"概念的内涵和外延加以严格限定：第一，在企业层面，该定义要求"技术突破的内生性"，即要求"核心技术必须是由企业依靠自身力量，独立研究开发而获得的"，这样严格的外延限制将大量的创新活动排斥在自主创新之外；第二，在国家层面，自主创新是指不依赖他国技术，而依靠本国自身力量独立研究开发、进行创新的活动，这种观点容易引起误解，因为在经济全球化、国际科技合作日益普遍和深入的今天，自主创新与合作创新是可能并存的。

柳卸林（1997）对自主创新的定义则是指"创造了自主知识产权的创新"。该定义的优点是简单明确，但这里涉及对"自主知识产权"的理解问题，若是指以专利等法律形式表达的知识产权，则可能排斥一些本属于自主创新的内容。王燕（2007）运用区域经济发展理论、创新理论、现代系统科学等多学科的理论与方法，研究了区域经济发展中的自主创新理论，探讨了区域如何实现自主创新的机制及其推动经济发展的内在机理及条件和过程，构建了区域自主创新的实现机制模型。她认为，区域自主创新作为一个系统，它由动力系统、条件系统、过程系统、调控系统四个子系统构成，这个系统的构成要素及其作用形式是动态的、自组织的，并随着外界变化而变化，并不断自我更新、自我升级发展的。通过研究区域自主创新的动力及调控系统对区域自主创新实现的驱动及调控作用，以及分析区域自主创新条件系统对区域自主创新实现的支撑作用，探讨了区域自主创新实现的过程，并对其所涉及的区域自主创新平台构建、知识资源利用、科技投入资金运作、文化建设、制度供给、战略技术与产业选择、战略设计等问题进行了研究，较为系统地构建了区域经济发展的自主创新理论框架。

在2006年发布的《国家中长期科学和技术发展规划纲要》，明确了自主创新三方面的内容：原始性创新、集成创新和引进、消化基础上的再创新。《中共中央关于制定"十一五"规划的建议》认为，自主创新包括原始创新、集成创新、引进消化再创新三种形式。

1. 原始创新

原始创新是指企业通过构建研究开发机构，培育和形成一批研究开发队伍，加大开发投入，围绕主业核心技术，在企业内部组织开展技术创新活动的行为方式。原始创新是非常重要的一种创新活动，是科技创新能力的重要基础和科技竞争力的源泉。研究证明，由于技术知识包括显性知识和隐性知识，所有技术能力只能通过学习获得，而技术转移的有效性取决于接受方的学习努力程度，甚至企业吸收外部技术知识的能力也取决于进行自主研发的技术学习经验。因此，原始创新既是企业学习、吸收、创造和发展技术和知识资源的基础，也是企业生存和发展的基础。如果企业过多地依赖外部资源，将失去自身的能力，而不能高效地吸收和利用外部资源。

2. 集成创新

集成创新是研究开发活动中普遍存在的一种方法。大多数产品和工艺的创新是在已有技术上的局部创新或是已有技术的组合式创新。在技术创新的组合方法上也普遍采用将已有技术组合成为系统的技术方案等手段。集成创新的主要优点是创新投入不高，创新周期短，因而创新风险也小，同时集成创新也有它的不足之处，具有较强的限制性，难以形成有效的技术壁垒并会受到知识产权保护的困扰。

3. 引进消化再创新

引进消化再创新是指企业从境外引进技术并进行消化吸收和二次创新。在企业创新过程中，企业为了加快技术和知识吸收和积累的进程，在国产基础上实现二次创新。引进消化再创新和企业其他形式的创新是相互关联、相互影响的。一方面，企业引进消化再创新的目的不仅是从企业外部获得技术来源，开发和生产出满足市场需求的产品，对于自主创新企业，更重要的是在引进创新的过程中向引进方学习，加快知识和技术的转移，从而提高企业的知识—技术平台，进一步增强企业原始创新能力。另一方面，原始创新是引进消化再创新的基础，企业只有坚持不懈地研究开发，具备较强的原始创新能力，才能在较高层次有效地引进消化再创新。

二、自主创新模式

国内学者在对自主创新的研究中，除了吸收西方技术创新理论以外，更多的是结合本国国情，对中国自主创新模式作了一些有益的探索。陈劲（1994）在"技术吸收—技术改进—自主创新"模式中，分析了后起国家技术追赶过程的学习方式与技术创新形式的对照关系。施培公（1997）从模仿创新的角度研究了后发优势的直接基础和内在机理，认为企业要获得后发优势，关键在于通过反向工程以及R&D的早期介入，进行二次创新，以促进技术范式的跃迁和资源超越性的快速积累。谢伟（1999）通过对中国彩电、轿车产业的研究，总结出后起国家追赶过程中技术能力的演进过程为"技术引进—生产能力—创新能力"。吴晓波（1995，2006）提出了一个适合发展中国家的二次创新动态模式，即"模仿创新—创造性模仿—改进性创新—后二次创新"，同时指出，如果落后企业没有通过消化吸收来积累技术能力和资源、无力进行技术改进与二次创新，或当产业技术沿着技术轨迹上升时，落后企业虽通过多次技术引进、消化吸收和改进，其资源积累和技术能力还是跟不上产业技术的进步，就会出现引进—落后—再引进的恶性循环，落后企业就会掉入技术引进的能力型陷阱。王锋正（2007）针对中国西部资源型企业提出了自主创新的三种模式：生态化模式、集群化模式、高技术化模式。陈劲、王方瑞（2007）从技术机会、自主创新决策、市场选择结果三者之间的关系得出中国本土企业自主创新的路径选择框架，根据这个决策框架，企业自主创新的路径选择通过不同自主创新机会、自主创新战略决策和市场选择结果的相互嵌套，形成了四种不同的自主创新模式：创造性拓展模式、创造性破坏模式、拓展性破坏模式、突破性强化模式。并指出，在企业面对渐进性变革机会时，采取拓展主导型创新决策，着重在现有技术范式中通过技术优化项目或降低成本性项目（如国产化）强化和巩固主导设计，该模式类似于熊彼特的"创造性拓展模式"；而企业面对突破性变革机会，采取开发主导型决策，着重通过新技术研发，实现范式重建，类似于熊彼特的"创造性破坏模式"，其中适合于技术后起国家企业的"拓展性破坏模式"和"突破性强化模式"尤其值得注意：前者是从渐进性变革机会出发，通过拓展主导型决策，加强技术性能和成本的完全改变，转变市场对相互竞争范式（通常情况下是两种范式之间的强弱权衡）的认知，从而实现技术范式的重建；后者则从突破性变革机会入手，采取开发主导型决策，新建外围技术标准，从而实现技术范式的强化。这两种模式采取"难中取易"的自主创新思路，更适合中国本土企业自主创新的组织和开展。

尽管上述众多学者认为后起国家通过技术引进、消化吸收的渐进性创新是追赶发达国家的可行途径，但是在这种理论指导下的后起国家的技术追赶却鲜有超越先发国家的典型案例。不仅如此，比较优势理论在大量后起国家的实践还造成其产业陷入"技术引进—消化吸收—再落后—再技术引进"的怪圈。张洪石（2006）指出，中国自改革开放以来的产业技术进步战略，总体而言也是以技术引进、消化吸收的模仿创新为主要特征，这一战略的实施尽管在很多领域大大缩短了同发达国家的技术差距。但与中国高速增长的经济相比，产业技术进步却不大，而且长期的技术引进和较差的技术吸收，致使中国许多产业技术依附严重，一个隐形的技术黑洞正将中国吸入发达国家的全球体系，而中国产业的自主研发能力则一点点地被这个黑洞吞噬；经济快速增长与自主技术创新能力衰退的两难悖论开始出现。

程涛（2007）认为，在政策上后发优势理论主张后起国家通过加大投资引进和模仿国外先进技术以实现赶超，但赶超战略本身存在着内在的缺陷，可能导致后起国家陷入无法达到世界技术前沿的陷阱，这种内在缺陷是由实施赶超战略的后发国家本身的经济结构造成的，政府干预下的过度垄断和垄断企业对政府的游说是两个主要因素。但这并不意味着要放弃赶超战略，为了实现最快的技术进步，政府应该及时进行政策上的调整。中国在改革开放以后，主要依靠政府主导的大量投资来引进和模仿国外先进技术，因此，技术水平得到了迅速提高，但是如果要实现对发达国家的赶超，仅依靠技术引进和模仿是不够的。中国政府提出鼓励自主创新，正是意味着要转变技术进步方式，赶超世界技术前沿。

张丹华（2005）从哲学的角度对技术与社会的发展关系作了理性的思考。他认为，中国选择技术创新战略模式的方法论依据应以马克思的唯物史观为基本内核，辅之以主要学术流派的合理内核。选择马克思的唯物史观作为方法论的基本纲领，即生产力与生产关系之间的辩证法，坚持将科学技术的先进性（从生产力角度来看）与深刻的人文关怀（从生产关系角度来看）有机地整合起来。同时汲取技术决定论中的强调技术先进性思想、社会批判理论中的人文理念、后现代知识论关于科学的文化多样性思想、社会建构论中的技术民主等合理内核。他还指出，中国技术创新发展战略的目标模式应具有整体性、自主性和人民性，建立世界上最多人参与的学习型社会。

综上所述，中国学者对自主创新模式的研究一般都认为应采取引进、消化再创新的模式，同时也应注意到在技术追赶过程中的后发优势与后发劣势、技术与社会的发展关系问题，这是与中国目前的科学技术状况以及经济发展阶段密切相关的。

三、自主创新的实现路径

国内学者对自主创新的实现路径主要从自主创新的微观主体、自主创新技术的进化强度和自主创新的技术差距三个角度阐述创新路径。

（一）从微观主体——企业自主创新的角度阐述自主创新路径

吴晓波、杜健（2007）以浙江省代表性产业为例，提出了实现自主创新的七条路径：一是工贸联动下的市场拉动式创新。在市场经济条件下，企业进行技术创新的动力主要来自企业外部的市场拉动和企业内部研发活动的技术推动两个方面。二是高效利用外源技术的外包式创新。在知识经济和经济全球化的背景下，从外部寻求新的创意的开放式创新是创新快速成功的有效途径之一，与内部技术源相比，外部技术源为企业节约了技术开发成本和技术转换成本，缩短了开发周期，有利于浙江企业抓住市场先机，加速知识积累和技术升级，实现"内源与外源相融合发展"。三是基于引进技术进行二次创新。在引进技术的基础上，通过持续的组织学习，着重培育内生技术能力，获取企业从引进消化吸收到系统整合以至自主创新能力的跃迁。从创造模仿到实现原始创新的技术追赶进程中，积极主动地从引进技术的初期就开展二次创新是企业赢得后发优势的有效途径。四是基于利基战略进行市场创新。采用利基战略的企业为避免在市场上与强大的竞争对手发生正面冲突而受其攻击，并通过市场开拓与技术能力成长互动来构建企业的自主创新能力。五是进行快速地技术成果转化与产业化。高校和科研院所是新思想的重要源泉，企业在自身技术开发能力不足的情况下，充分利用高校的科技成果并成功实行产业化，探索出了一条适宜的自主创新路径。六是从贴牌到创牌（从OEM到ODM、OBM）的创新。作为国际分工体系下企业纵向一体化的分包体系，OEM仍然是一种有效率的技术转移体系。通过"传授技术"，OEM的企业可以消化吸收生产运作知识，并有可能为技术能力的高度化奠定基础。但是OEM并不是技术学习的自动路径，它需要企业自身的技术努力与抱负。七是全球视野下的高技术创新。在全球化环境下，创新日益多样化、复杂化，也越来越需要充分考虑全球市场与技术的变化，因此，如何构建全球化的创新体系对于企业尤其是高科技企业至关重要。全球化战略的意义，也不仅限于开辟新的市场和获得新的原材料供应,更重要的是通过参与全球化协作与竞争,实现技术、资本、人才等各类要素的获取和配置,从而使创新型经济随全球经济科技一体化进程的发展而得到拓展和延伸。

(二) 从技术的进化强度角度阐述自主创新路径

从自主创新中技术的进化强度来看,包括渐进式创新和突破式创新,从而可以根据技术的演化过程阐述自主创新实现路径。张洪石、陈劲(2005)认为,不同的技术周期阶段要进行不同的创新,而不同的创新对组织的要求是不同的。在渐进变革阶段,组织要求各部门有相对正式化的角色和职责,相对集中的程序、职能结构、以效率为导向的企业文化、高度专业化的作业流程、强大的制造和销售能力,以及相对同质的、年龄较大的、有经验的人力资源。而在动荡期,那些具有开拓精神的、重视科研的组织会带来突破性创新。这些单位相对较小,有松散的组织结构,热衷于实验的文化,宽松的作业流程,较强的进取能力和技术能力,相对年轻、异质化的员工队伍。

(三) 从技术差距的角度阐述自主创新路径

邹东颖(2006)在借鉴费格伯格(Jan Fagerberg,1987,1991)的技术差距模型的基础上,直接以创新为增长变量,将后发国家的最优技术发展路径分为三个阶段:第一阶段为后发优势的前提阶段,主要侧重社会能力培养。由于此时后发国家经济发展水平极为落后,虽然与先发国家有很大差距,学习区域十分广阔,但由于自身社会能力低下,后发优势得不到应有的发挥,因而要大力培育社会能力,积聚后发优势发挥的前提条件,如建设良好的社会制度、提高初始技术水平、完善基设施、加大资本投入等。第二阶段为后发优势的实现阶段:学习模仿。在开放经济条件下,通过人员流动、国际贸易、外国直接投资等,引进国外先进技术、制度,进行学习模仿,实现经济高速发展。第三阶段为后发优势的超越阶段,侧重自主创新。随着与先发国家技术、制度差距的缩小，可模仿学习的领域也在缩小，后发优势势必减小，因此，该阶段应注重培育自主创新机制，将自主创新与学习模仿相结合，超越后发优势的单一发展动力，而保持高的经济增长率，实现经济发展的最后赶超，经济发展动力向先发优势转化。反之，此阶段后发国家经济增长将会减慢或停滞。

综上所述，国内对自主创新的研究内容比较分散，研究主要围绕企业和产业组织来展开，虽然在一定程度上分析了技术创新所需要的知识的产生、扩散、吸收等过程，但是对自主创新的模式和路径的研究主要从战略和技术的角度出发，缺少对自主创新所需经济要素的解析，尤其是对加快自主创新资源有效配置的分析，如对金融资源的配置的分析。另外，缺少宏观和区域的视角，对自主创新的模式和路径往往相互混合，缺少理论模型的支撑，虽然有相关实例作为支撑，但很难形成一个统一且有效的理论分析框架，因而说服力不强。

总的来说，技术创新中知识生产的问题在上述研究中始终没有得到完美的解决，如何有效地将生产知识推向供给侧结构性改革日益深入的今天变得更为重要，因为知识生产的供给侧改革也是供给侧结构性改革的应有之义。本书就是循着知识生产的"供给侧改革"思路，探求知识生产的资源配置问题，从而试图破解自主创新的瓶颈问题——知识本身是如何增长（内生增长）的？

第三章 基于内生增长的技术创新模型

从自主创新的进程来看,自主创新最核心的问题实质上是自主创新进程中知识本身的增长,如何生产知识,什么因素决定了资源向知识生产配置的问题,即知识的内生增长问题。也就是说,把自主创新中处于微观层次的各种具体研究和开发(R&D)、技术创新等行为统一提升到知识增长的高度来研究。从这个意义上来说,如何运用经济学的理论方法构建自主创新理论模型将是本章的重点。在此基础上,将构建的理论模型加以扩展和演化又可以用来指导微观主体的自主创新行为。

虽然大部分经济增长理论模型未曾对自主创新的理论模型进行专门研究,但这些模型在一定程度上涉及知识增长,所以在构建自主创新的理论模型之前,有必要对以往涉及技术进步与知识生产的经济增长模型做简要的回顾和归纳,以便我们从这些模型中提炼出中国自主创新的基本要素,为后续章节模型的建立奠定基础。

第一节 基于内生增长的技术创新模型

一、基于技术创新视角的经济增长模型分析

经济增长与技术进步犹如一对孪生兄弟,相伴相生。经济增长理论模

型主要描述各生产投入要素与经济增长之间的关系。在经济发展、人均收入水平的提高进而人们生活福利的改善的同时，往往伴随着先进生产工具的发明、新技术的出现和采用，这意味着理论意义上知识的增加。

（一）经济增长模型中技术要素的引入——索洛模型

索洛模型（Solow，1956）从最基本的两类生产要素入手：资本（K）和有效劳动（AL）。最基本的假定为劳动的有效性，即以 A 与 L 相乘的形式将技术进步引入生产函数：$Y(t) = F(K(t), A(t)L(t))$ 中。在假定生产函数规模报酬不变和劳动的有效性 A（或知识）不变的情况下，产出将保持一个不变的增长率，从而得出经济长期增长的根源在于技术进步（即知识的增长），知识增长的幅度将决定经济长期增长的快慢。这一结论的推出，使现代经济增长理论将经济增长源泉的视线转向于技术进步而不是实物资本积累的变动，从而使索洛模型成为现代经济增长理论分析的基石。

但在索洛模型中，由于劳动有效性的增长是外生的，即对于模型而言，劳动有效性这一变量的行为是外生给定的，因而对劳动的有效性是什么，是什么导致了它的变动不得而知。而且在索洛模型中也缺少对 A 的详尽解释，"A 可能是劳动力的教育和技能，R&D 的投入，基础设施的质量，产权的严格程度，也有可能是一种文化对企业经营活动和工作的态度，或 A 反映了多种因素的共同作用"①。可见，与以往的微观生产函数相比，虽然索洛模型没有把技术进步的各种要素像微观生产函数那样统统安排进生产函数的"黑匣子"中去，而是引入技术进步来解释经济增长，但是，其对生产函数的假定以及生产要素中的简短划分对解释知识增长的机理并不清晰，也就是说，技术进步是外生的而不是经济增长的内生变量，技术进步的机理在这个模型中没有被触及。

---

① ［美］戴维·罗默. 高级宏观经济学［M］. 苏剑，罗涛译. 北京：商务印书馆，1999：36-38.

(二) 技术创新的内生化——内生经济增长模型

源于对索洛模型的质疑，学者们在突破索洛模型的基础上提出了内生经济增长模型。与索洛模型不同的是，内生经济增长模型将技术内生化，也就是说，技术创新是在社会经济系统的内部产生并不断变革的，所以研究经济增长时应该将技术创新（知识生产）看作是被其他经济要素影响而变化的，而不应是只作为随时间 t 而变化的一个简单外生变量。技术创新（知识生产）实质上也被模型中的其他经济变量所决定，例如资本（K）、劳动（L）。沿着这种思路，学者们针对知识增长（技术创新）制成因素的不同来源和理解，提出了许多内生经济增长模型，并且其对经济现实的解释力越来越强。

就复杂程度而言，干中学（Learning-by-doing）模型是众多内生经济增长模型中较为简单的一类模型。干中学模型认为，知识的创造是投资的一个副产品，这个副产品可以抵消投资规模报酬递减的效应，这就是经济能够保持平稳增长的原因。该模型的一个简化形式是：

$$Y(t) = K(t)^{\alpha}[A(t)L(t)]^{1-\alpha} \qquad (3-1)$$

而知识的增加量是资本增加量的函数，故定义技术进步为：

$$A(t) = BK(t)^{\phi}, B>0, \phi>0 \qquad (3-2)$$

该模型认为，资本的贡献大于其传统贡献：增加的资本不仅通过其对生产的贡献直接增加产量，而且通过其间接推动新思想的发展从而使其更有生产力来提高产量。在考虑 $\phi=1$ 和人口增长率为零的情况下，如果考虑到写出的生产函数是用符号 A 来用作系数，再加上该模型中只有一个存量变量是内生的，即 K（知识的增加量是资本增加量的函数）的话，该模型就可以称为 AK 模型。AK 模型的特点是假定不存在资本的规模报酬递减，从而经济增长率只是投资率的一个增函数。因此，那些能永久提高投资率的政府政策会使经济增长率得到不断提高。通过这种方式，AK 模型内生地产生了经济增长。这一点符合一国在高增长阶段靠投资拉动经济增长的事实，但从发达国家以及某些发展中国家经济发展的历史来看，该模型似乎只能解释阶段性事实，因为改模型认为，学习只是正常生产的副产品，知识的积累通过外溢来发生，因而是一种无意识的行为，这一点显然没有考虑现实中大量存在的生产"学习"的专门机构，这也为以后的两部门模型的发展留下了空间。

"研究和开发与增长"模型（保罗·罗默，1990；格罗斯曼和赫尔普曼，1991；阿吉翁和豪伊特，1992）进一步深化了对知识创造的认识。该模型引入了一个独立的"研究与开发"部门，首次在模型中确立了新技术的生产部门。由于该模型感兴趣的是较长时间的增长，因此，没有对技术创新中的随机性进行建模。另外，它用转移参数 B 来代替决定研究和开发成功与否的其他因素 并用该参数的变化来描述那些因素的影响。

该模型的一个简化形式是：

$$Y(t) = [(1-\alpha_K)K(t)]^\alpha [A(t)(1-\alpha_L)L(t)]^{1-\alpha}, 0<\alpha<1 \quad (3-3)$$

$$\dot{A}(t) = B[\alpha_K K(t)]^\beta [\alpha_L L(t)]^\gamma A(t)^\theta, \text{其中}, B>0, \beta \geq 0, \gamma \geq 0, \theta \geq 0 \quad (3-4)$$

在该模型中生产函数采用了普通的柯布—道格拉斯生产函数（C—D）形式，且假设为规模报酬不变的形式。而知识（新思想）的生产取决于三种制成要素：资本、劳动以及技术水平（用于研究和开发 R&D），且没有限定为规模报酬不变，原因在于该模型认为，在知识生产中，完全复制现有投入品的活动将使同一组的发现被使用两次，从而 $\dot{A}$（知识生产增长率）不变，因此，可能存在报酬递减；而研发人员的相互作用以及研发中投入的共同基础设施，在研究和开发中十分重要，以至于当投入到研究和开发中的资本和劳动的翻倍可带来产量的倍增，从而使规模报酬递增。该模型的另一特征在于 B 的使用，B 被称为转移参数，用来表示决定研发成功与否的其他因素，并研究了该参数变化的后果。

通过上述对模型的解释和归纳发现，该模型主要用来说明研究和开发（R&D）这类技术创新（知识增长），而对所要研究的自主创新来说，其解释范围显得比较狭窄，只是简单地把知识的增长归结为在一定的技术水平下投入的资本和劳动的结果，对自主创新来说还不够深入和贴切。

以上模型另一个缺陷在于忽视了人力资本积累对经济增长的贡献，忽略了资本的广义内涵，也就是说，没有把人力资本内生化。所谓人力资本，就是体现在劳动者身上的可用于生产产品或提供各种服务的智力、技能以及知识的总和。人力资本增值就是通过对人力资本的积累、投资和扩充，促使人力资本的价值得以提升。其对经济增长的作用在于，有时人力资本的不大变化却可能导致人均产量的较大变化。通过人力资本的引入还可以解释资本的规模报酬不变的特性，使资本的内涵更为宽泛。以卢卡斯（1988）为代表的人力资本积累模型通过将人力资本内生于增长模型之中，提示了人力资本与技术进步及经济增长之间的关系。这一模型把整个经济分成两个部门：在第一个部门中，每个劳动者根据其拥有的物质资本（与产品同质）和一部分的人力资本生产消费品；在第二个部门中，人力资本自我形成。假定每个劳动者能力和他贡献给人力资本的时间（可视作受教育和培训的时间），就可决定其进一步获取知识的速度。该模型假定生产函数的形式为：

$$Y = K^{\alpha}(hL)^{1-\alpha} \qquad (3-5)$$

$$\dot{h} = (1-u)h \quad 即 \ \dot{h}/h = 1-u \qquad (3-6)$$

其中，h 表示人均人力资本，u 表示花费在工作上的时间比例，1-u 表示花费在积累技能上的时间比例。由此可以看出，在技能积累上所花费的时间的增加将导致人力资本增长率的增加（这与纯粹的"干中学"模型有所不同）。

卢卡斯的模型实际上是"专业化人力资本积累增长模式"。说明人力资本增值越快，部门经济产出越快；人力资本增值越大，则部门经济产出越大。这一模型的贡献在于承认人力资本积累不仅具有外部性，而且与人力资本存量成正比，人力资本积累（人力资本增值）是经济得以持续增长的决定性因素和产业发展的真正源泉。

在卢卡斯的上述模型中，人力资本通过推动技术进步，使资本的收益率提高，从而使经济增长速度加快。人力资本变化率代表技术进步率，该变量取决于既有人力资本水平以及进行人力资本建设所花费的时间，因而在其他条件不变的情况下，人力资本量越多，技术进步就越快，经济增长也就越快。

按照卢卡斯的思想，专业化人力资本的报酬是规模递减的，即虽然它随着生产某种商品数量的增加而增加，但其变化率却是递减的。另外，由于专业化的人力资本增长是以已有的人力资本水平为基础的，因而某种商品生产的技能完全可以成为生产另一种商品的基础，从而间接地缩短生产这种产品所需人力资本的形成时间。因此，总的来说，人力资本的积累是递增的，由此导致最后人力资本的边际产出的递增性。这样，就可以弥补物质资本的边际产出递减的损失，使经济得以持续增长。从这个意义上来说，人力资本积累是经济得以持续增长的源泉。

根据卢卡斯模型，人力资本有两个来源：一是正规教育获得的人力资本，能够产生人力资本的"内部效应"；二是在干中学，通过实践也可以形成某种人力资本，即专业化的人力资本，这种人力资本具有外部效应。

卢卡斯建立的经济增长模型吸收了"干中学"模型的有益元素，将知识的生产内化到人力资本中去，比起单纯的研究知识的增长更加符合技术进步的规律性，从而更加深刻地揭示了知识生产以及技术创新对经济增长的作用。

二、基于内生增长的技术创新模型（自主创新模型）构建

通过对上述模型的分析可以看出：技术创新并不是独立于经济增长之外的另一个事物，而是与经济增长同步进行、相伴相生，经济增长离不开技术创新。正如熊彼特所说，如果经济的增长仅仅是由于人口和资本的增

长所致，那就还不能称其为发展，因为"它没有产生在质上是新的现象，而只是同一种适应过程"，"而发展可以定义为执行新的组合即创新"①，只有由技术创新产生的技术进步才是经济增长的决定性因素。在确定技术创新是经济增长的源泉的基础上，内生增长模型进一步研讨了技术创新的三个主要来源：即边干边学、R&D生产和人力资本积累。如前所述，中国自主创新的核心问题正是知识增长问题、如何生产知识以及什么因素决定了资源向知识生产配置的问题，上述研究为本书构建基于内生增长的技术进步模型打下了基础。

（一）自主创新进程中技术创新的两大制成要素

由于本书研究的对象是宏观层面的，从宏观上来说，技术创新也就意味着技术进步，因此，影响到经济增长率的参数也是影响到经济增长模型中所描述的经济中技术进步水平的参数，无论是人力资本，科研的效率（或创新的概率）还是技术型劳动的引入，创新的规模，首先影响到的都是技术进步水平，而技术进步又会进一步带动产出的增长②，换句话说，经济增长中的创新资源就是我们所要探讨的技术创新的制成要素。从上述三个最主要的来源来看，技术进步最基本的要素是物质资本（Physical Capital），包括研究开发的基础设施、研发工程设施资源、物化在研发过程中的具备技术含量的资本设备等在内的各种有形资本，这些都是技术创新的必需要素。

经济增长中能影响技术创新的第二个要素是人力资本（Human Capital），这一点无论从干中学来源、R&D生产来源还是人力资本积累来源来看都是显而易见的。人力资本由于其具有规模报酬不变甚至递增的独特性质，不仅可以使经济增长保持一定的增长率，而且还直接决定着技术创新的规模和深度，在技术创新中更为重要。

---

① [美]约瑟夫·熊彼特. 经济发展理论 [M]. 邹建平译. 北京：商务印书馆，1990：71-75.
② 方福前. 西方经济学新进展 [M]. 北京：中国人民大学出版社，2006：181-182.

在此基础上，本书所要探讨的自主创新模式问题其实质上就是如何配置这两大创新资源的问题，通过资源的优化配置使知识生产能力得到较快的提高。

(二) 基于内生增长的技术创新模型（自主创新模型）的建立

按照上述的分析结论，本书试图通过建模来阐述上述问题。为更好地说明建模的过程，先做如下假定：

假设1：自主创新中知识的生产由物质资本量、人力资本量和一定的技术进步水平决定。所谓人力资本，就是体现在劳动者身上的可用于生产产品或提供各种服务的智力、技能以及知识的总和，而人力资本存量表示通过人力资本投资所形成的蕴藏于被投资人身上的各种知识和技能的总量[①]。为了分析的方便，提出如下假设：

假设2：人力资本变化率与投资于人力资本上所花费的时间和技术进步水平目前成正比。

本书仍采用柯布—道格拉斯生产函数，原因有二：一是在柯布—道格拉斯生产函数中，如果有任何一种投入品为零，则产出也为零，因此，对于生产来说，每种生产要素都是必需的，没有一种要素可以完全替代另一种要素。这一点正符合本书所研究的内容，实物资本和人力资本两者都是技术创新不可缺少的要素，也不可完全替代，只有进行适当配置才能使产出最大化。二是相比于线性模型来看，该函数便于运用一系列的数学法则进行动态经济分析，这对本书分析十分重要，由此可以刻画出自主创新进程中的技术演进的轨迹。

这样，可以建立具体的数学模型如下：

$$\dot{A} = F[R(t), h(t)] = BR(t)^{\alpha} h(t)^{\beta} A(t)^{\gamma} \qquad (3-7)$$

---

① 在卢卡斯模型中，人力资本变化率代表技术进步率，它取决于现有人力资本水平和从事人力资本建设的时间。

第三章 基于内生增长的技术创新模型

$$\dot{H}(t) = s\dot{A}(t) \tag{3-8}$$

其中，A 表示技术存量；R(t)表示技术进步中的实物资本存量；H(t)表示技术进步中的人力资本存量；α>0，β>0，γ>0；B 表示转移函数，它代表其他影响技术进步或技术创新的随机因素，由于本书所研究的是较长时期的宏观趋势，所以本书不采用随机性建模，对 B 的内容不予具体分析。

该模型具备如下特点：

（1）人力资本存量表示通过人力资本投资所形成的蕴藏于被投资人身上的各种知识和技能的总量。它与投资于人力资本上所花费的时间和技术进步水平成正比，这里 S 表示花费在人力资本投资上的时间，$\dot{A}(t)$表示技术进步水平。

（2）两种生产要素满足如下条件：$\dot{R}=nR$，$\dot{H}=g_h H$，表示实物资本与人力资本分别以 n、g_h 的速率增长。

（3）该模型克服了 AK 模型缺乏收敛的性质，即在 AK 模型中，产出的增长率不依赖于模型的状态变量，具有不同初始水平的经济都将以相同的速度增长。

（4）该模型吸收了"干中学"模型与"研究和开发与增长"模型的优点。"干中学"模型仅仅将技术创新看成是产品生产的副产品，把技术创新看成是一种无意识行为，即是被动地发生的，故其技术创新仅仅是投入到产品生产中的物质资本的函数。而"研究和开发与增长"模型又将技术创新看成是独立于生产之外的研发部门努力的结果，从而忽略了知识使用时具有的非排他性即技术的"溢出效应"。本模型综合了两者的优点，将技术创新看成是投入到知识生产中的技术物质资本和人力资本共同作用的结果，从而较符合经济增长中技术创新自身的规律和特点。

第二节　自主创新模型的静态和动态分析

建立模型的目的是分析物质资本和人力资本两大生产要素如何在自主创新进程中相互作用并影响技术进步进程的，从而关注技术进步进程成为自主创新问题的关键，为此必须对模型进行静态和动态分析以便探索它们之间的规律。

一、g_A 的动态学分析

由式（3-7）可得：

$$g_A(t)=BR(t)^{\alpha}H(t)^{\beta}A(t)^{\gamma-1} \qquad (3-9)$$

由于 B 不变，g_A 是上升还是下降取决于 $R(t)^{\alpha}H(t)^{\beta}A(t)^{\gamma-1}$ 的行为，而 g_A 的增长率：

$$\dot{g}_A(t)=[n\alpha+\beta g_h+(\gamma-1)g_A]g_A(t) \qquad (3-10)$$

从而 R（t）、H（t）的初始值以及各参数决定了 g_A 的初始值，而式（3-10）决定了 g_A 以后的行为。

因此，如果 $n\alpha+\beta g_h+(\gamma-1)g_A=0$ 则有 $\dot{g}_A=0$。也就是说，当满足 $g_A=(n\alpha+\beta g_h)/(1-\gamma)$ 时，$\dot{g}_A=0$。

当 $n\alpha+\beta g_h+(\gamma-1)g_A>0$ 时，g_A 上升，为负，则 g_A 下降，为 0 则 g_A 保持不变。

如图 3-1 所示。g_A 不变即 $\dot{g}_A=0$ 线的截距为 $n\alpha/(1-\beta)$，斜率为 $(1-\gamma)/\beta$（图中为 $\gamma<1$ 的情形，因此斜率为正）。在此线上方，g_A 上升；在此线下方，g_A 下降。

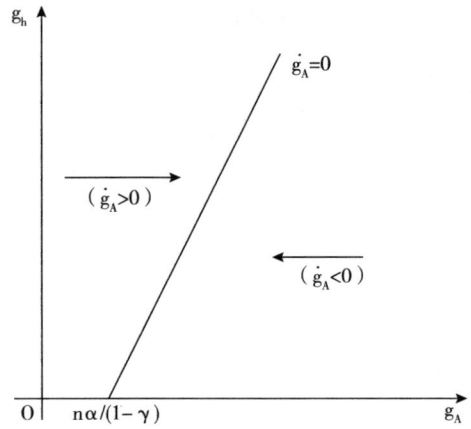

图 3-1 技术进步增长率的动态学分析

二、g_h 的动态学分析

由式（3-8）可得：

$$g_h(t) = BsR(t)^\alpha H(t)^{\beta-1} A(t)^\gamma \tag{3-11}$$

由于 B 不变，g_h 是上升还是下降取决于 $R(t)^\alpha H(t)^{\beta-1} A(t)^\gamma$ 的行为，而 g_h 的增长率：

$$\dot{g}_h(t) = [n\alpha + (\beta-1)g_h + \gamma g_A] g_h(t) \tag{3-12}$$

从而 R(t)、H(t) 的初始值以及各参数决定了 g_h 的初始值，而式（3-12）决定了 g_h 以后的行为。

因此，若 $n\alpha + (\beta-1)g_h + \gamma g_A = 0$，则有 $\dot{g}_h = 0$。也就是说，当满足 $g_h = (n\alpha + \gamma g_A)/(1-\beta)$ 时，$\dot{g}_h = 0$。

当 $n\alpha + (\beta-1)g_h + \gamma g_A > 0$ 时 g_h 上升，为负则 g_h 下降，为 0 则 g_h 保持不变。

如图 3-2 所示，g_h 不变即 $\dot{g}_h = 0$ 线的截距为 $n\alpha/(1-\beta)$，斜率为 $\gamma/(1-\beta)$（图中为 β<1 的情形，因此斜率为正）。在此线上方，g_h 下降；在

此线下方，g_h 上升。

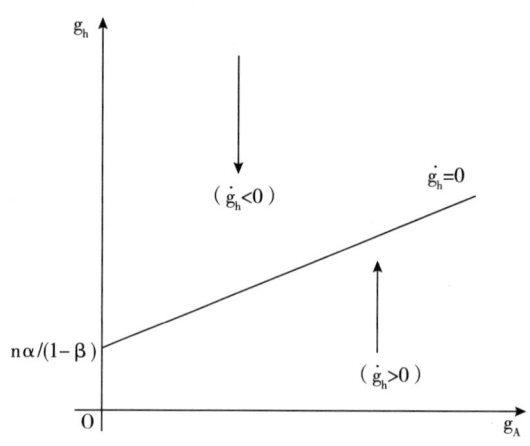

图 3-2　人力资本增长率的动态学分析

三、模型的稳态分析

对模型分析的结果最重要的是看各种知识生产要素的规模报酬的情况，以此可以来判断各种要素对知识生产的影响，从而决定知识产出的趋势和结果。而对模型中两种生产要素来说，规模报酬总的来说是递增、递减还是不变，取决于（β+γ）这个规模报酬度，这样比较（β+γ）与 1 的大小就可以代表上述三种情况，因而可以用（β+γ）与 1 的比较来分情形讨论三种可能性：

1. 情形 1：β+γ< 1

在这种情况下，$\dot{g}_A=0$ 线比 $\dot{g}_h=0$ 线陡峭，所以两条线会有交点。如图 3-3 所示。它们的动态学也如图 3-3 所示。

由图 3-3 可知，不管（g_h，g_A）的初始状态如何，最终 g_h 和 g_A 在点 D（g_A^*，g_h^*）处获得平衡，技术进步将进入稳态。

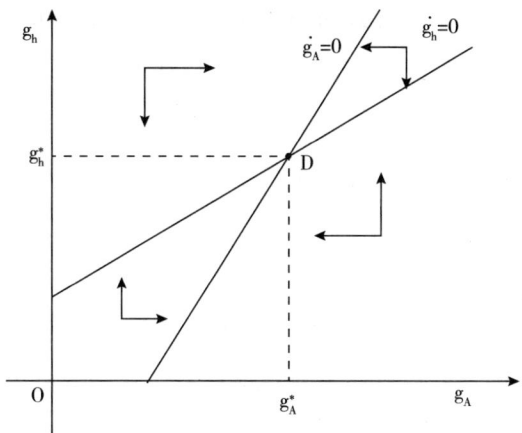

图 3-3 规模报酬度（β+γ）<1 时人力资本和技术进步的增长率的动态学分析

经过数学运算可得：

$$g_A^* = \alpha n / [1-(\beta+\gamma)] \tag{3-13}$$

由式（3-13）可知，在这种技术模式下，当技术进步进入稳态时，技术进步的变化率是实物资本投资率的函数，实物资本投资率的不断加大，将使技术进步的速率更快。同时，α、β、γ 的值越大（当然要满足 β+γ<1），也就是说，如果实物资本、人力资本与技术存量对于技术进步率的贡献率越大，当技术进步达到稳态后，技术进步越快。这种创新类型往往意味着在原有的技术轨道下进行渐进性技术创新，在稳定的物质基础资源和人力资本的供应下技术进步的过程。

2. 情形2：β+γ> 1

在此情形下，$\dot{g}_A = 0$ 线和 $\dot{g}_h = 0$ 线之间的距离越来越大，如图3-4所示。

在图3-4中，不管经济始于何处，它最终都会进入这两条线之间的区域。一旦出现这种情况，则两者的增长率就会不断提高，技术创新将出现深化，技术有可能出现突破，从而向更高的技术轨道发展，体现创新过程的自我加强性，这就是自主创新进程中技术跨越的情形。

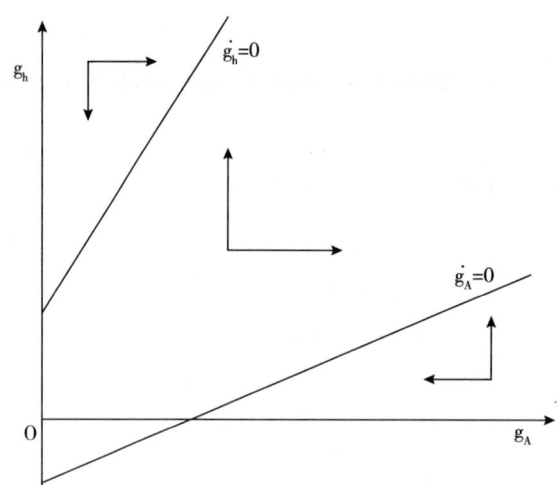

图3-4 规模报酬度（β+γ）>1时人力资本和技术进步的增长率的动态学分析

3. 情形3：β+γ= 1

此时（1-β）= γ，$\dot{g}_A=0$ 线与 $\dot{g}_h=0$ 线有着相同的斜率，在n为正的情况下，$\dot{g}_h=0$ 线在 $\dot{g}_A=0$ 线的下方，两者的动态学与β+γ>1的情况相似，如图3-5所示。

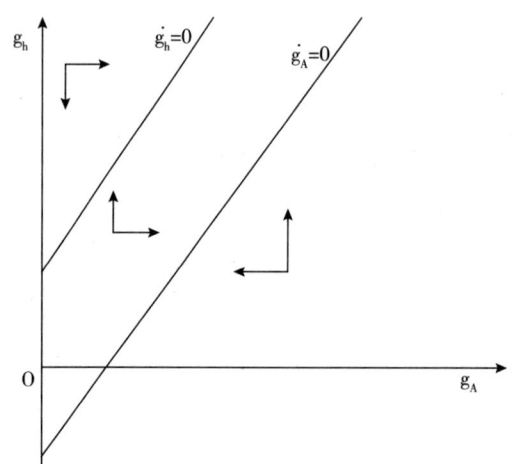

图3-5 规模报酬度（β+γ）=1时人力资本和技术进步的增长率的动态学分析

通过以上分析，我们可以看出，自主创新进程中技术创新可以分为三种类型，在不同的条件和环境下，自主创新将采用不同的形式：一是渐进式创新，对应于规模报酬度（β+γ）<1的情形。在这种情况下现有的技术存量和人力资本对技术进步率的贡献度还不大，而实物资本的投资率对技术进步率起到重要作用。具体来说，就是创新主体的技术尚处于较低的水平，而且人力资本的数量和质量都不高，创新进程的加快主要依赖于实物资本的投入（新技术设备的引进、国外技术专利的购买等）。在这种渐进式的创新过程中，创新主体只能扮演"追随者"的角色，他们在持续的科研努力和持续增长的投资作用下，通过对技术存量和人力资本的不断积累，沿着固定的技术发展轨道以相对较快的速度赶上甚至超过领先者，最终实现技术追赶的过程。这也是大多数发展中国家追赶发达国家的主要方式。二是跨越式创新，对应于规模报酬度（β+γ）>1和规模报酬度（β+γ）=1的情形。在这种情形下，创新主体的技术存量和人力资本都达到了较高的水平，技术水平和人力资本对技术进步率将产生决定性的影响。创新主体在这样的条件下，打破旧的束缚，采用新思路、新机制、新方法，使技术实现跳跃式的发展，这可以从时间和轨道两个方面来表示：①技术的发展周期较常规有明显的缩短，技术发展虽然还是在原有的轨道上运行，但却能够跨越原有轨道上的某些阶段，如某项技术从萌芽到成熟要10年的时间，而现在只用5年甚至3年的时间就可以完成了。②技术轨道的跃迁，也就是技术升级的跳跃，例如，技术的发展没有经过以前的积累和探索而直接进入到一个较高的阶段，因而跨越式发展既可以是某个发展阶段所用时间的超常规缩短，也可以是发展过程中省略掉某个阶段或者创造出新的发展模式。

第三节 自主创新模型的实证分析

以上分析表明，自主创新进程中实物资本的投资率和人力资本的积累率对创新率的提高具有决定作用。本节拟在分析中国区域自主创新的情况下，通过构造计量回归模型来对上述理论模型进行实证分析。

在对模型进行实证分析之前，必须首先确定对模型中 $R(t)$，$H(t)$，$\dot{A}(t)$ 的代理指标。指标的确定往往与所要研究主题的具体现状相联系。从中国目前的自主创新情况来看，由于区域间自主创新水平差异很大，因而把全国的自主创新水平作为一个整体来衡量是不合适的，因而只能把各省份的自主创新能力水平作为 $\dot{A}(t)$ 的代理指标，从而可以选用适合这种数据特点的面板数据模型来对我们所研究的主题进行实证分析。对于各省份自主创新能力的测量，这方面的研究文献很多。柳御林、胡志坚等（2002）把区域创新能力定义为一个地区将知识转化为新产品、新工艺、新服务的能力，并在此基础上对中国区域创新能力进行了定量测度和分析[1]。彭建娟、李建华（2007）认为，自主创新能力主要表现在各创新主体为对创新的主动追求意识及对创新收益的主导能力，因而自主创新能力具有融合性、共享性、累积沉淀性和动态开放性[2]。陈劲、徐大可、伍蓓（2007）在吸收和借鉴目前国内外各种宏观层次能力理论的基础上，提出了一个适合中国现阶段国情的自主创新能力评价概念模型，并研究了其组成要素[3]。该模型运用综合分析的方法，把地区自主创新能力

---

[1] 柳御林，胡志坚等. 中国区域创新能力的分布与成因 [J]. 科学学研究, 2002 (5): 550-556.
[2] 彭建娟，李建华. 区域自主创新能力及其特征研究 [J]. 中国科技论坛, 2007 (11): 11-15.
[3] 陈劲，徐大可，伍蓓. 技术、制度与生产率关系研究——基于中国各省区发展的实证分析 [J]. 科学学研究, 2007 (S2): 232-240.

划分为技术创新能力和制度创新能力,在分别获得技术创新能力指数和制度创新能力指数后,通过赋予适当的权重系数合成了地区自主创新能力指数。本书认为,该指数较好地反映了中国各地区的自主创新能力,故把它作为 $\dot{A}$(t) 的代理指标。按照他的计算方法,本书得出了 2002~2018 年区域自主创新能力指数的数据,其中 2016 年、2017 年的数据如表 3-1 所示。

表 3-1 中国地区自主创新能力与创新资源情况

省（市、区）	2016 年			2017 年		
	地区自主创新能力（以 100 为标准）	科技经费支出（亿元）	规模以上工业企业 R&D 人员全时当量（人·年）	地区自主创新能力（以 100 为标准）	科技经费支出（亿元）	规模以上工业企业 R&D 人员全时当量（人·年）
北京	88	1579.7	51143	88	1870.8	52719
上海	87	1205.2	98671	89	1359.2	88967
天津	72	458.7	78336	73	492.4	57881
江苏	85	2260.1	451885	85	2504.4	455468
河北	44	452.0	82971	49	499.7	79135
浙江	65	1266.3	321845	70	1445.7	333646
山西	42	148.2	29450	43	175.8	31757
安徽	47	564.9	99451	47	649.0	103598
内蒙古	38	132.3	30126	39	129.2	23243
福建	55	543.1	102250	55	642.8	105533
辽宁	66	429.9	49254	66	460.1	49463
江西	43	255.8	34924	43	310.7	45082
吉林	55	128.0	23469	55	115.0	21056
山东	68	1753.0	241761	68	1643.3	239170
黑龙江	50	146.6	32219	52	135.0	24046
河南	49	582.1	132731	48	671.5	123619
湖北	65	700.6	96340	67	822.1	94241
湖南	54	568.5	86440	54	658.3	94228
广东	82	2343.6	423730	82	2704.7	457342

续表

省(市、区)	2016年 地区自主创新能力(以100为标准)	2016年 科技经费支出(亿元)	2016年 规模以上工业企业R&D人员全时当量(人·年)	2017年 地区自主创新能力(以100为标准)	2017年 科技经费支出(亿元)	2017年 规模以上工业企业R&D人员全时当量(人·年)
广西	36	142.2	19402	37	144.9	16163
海南	39	23.1	1971	41	26.9	2688
重庆	48	364.6	47392	49	410.2	56416
四川	62	637.8	60146	63	737.1	71968
贵州	40	95.9	15774	40	121.6	18786
云南	39	157.8	17166	40	187.3	21393
西藏	30	2.9	208	30	3.7	202
陕西	58	460.9	45362	62	532.4	44672
甘肃	42	88.4	12610	41	97.1	10096
青海	30	17.9	1750	30	17.3	1799
宁夏	30	38.9	5686	31	45.6	6392
新疆	38	57.0	7310	39	64.3	6191

资料来源：国家统计局历年中国科技统计年鉴（部分内容为笔者整理）。

H（t）表示人力资本存量，是自主创新中最为重要的创新资源，是创新能力的基础和前提，也是自主创新的重要推动力。由《中国统计年鉴》可知，从地域分布指标的角度来看，选取地区规模以上工业企业R&D人员全时当量作为H（t）变量的代理指标较为合适，其2016年、2017年的数据如表3-1所示。

R（t）代表自主创新进程中作用于技术的物质资本存量，如前所述，物质资本包括研究开发的基础设施、研发工程设施资源、物化在研发过程中的具备技术含量的资本设备等在内的各种有形资本。由于所有有形资本最终只能用资产数目的多少来衡量，所以本书拟采用各地区科技经费支出作为R（t）代理指标，其2016年、2017年的数据如表3-1所示。

第三章 基于内生增长的技术创新模型

利用上面的各个指标变量，可建立如下面板数据模型：

$$\ln Y_{it} = \alpha_{it} + \beta_{it1}\ln x_{it1} + \beta_{it2}\ln x_{it2} + \mu_{it} \qquad (3-14)$$

其中，Y 表示技术进步率，X_1 表示实物资本，X_2 表示人力资本。整个分析过程采用 EViews 软件进行，结果如表 3-2 所示。

表 3-2 技术进步模型估计结果

固定效应估计结果				
Variable	Coefficient	Std. Error	t-statistic	Prob
X_1?	0.169537	0.036934	4.593578	0.0000
X_2?	0.559245	0.024912	20.53309	0.0000
加权条件下模型检验结果				
Weighted-statistic				
R-squared	0.997430	Mean dependent var	736.785	
Adjusted R-squared	0.995879	S. D. dependent var	101.367	
S. E. regression	56.10748	Sum squared resid	8893.2	
F-statistic	4402.56	Durbin-Watson stat	2.103223	
Prob (F-statistic)	0.00000			

资料来源：笔者运算结果。

由于本模型主要考查各地区的数目比较多，表 3-2 只列出了 X_1、X_2 的系数的结果，分别为 0.169537 和 0.559245，由表中 t 统计量以及其相伴概率可知，回归系数显著不为零。除了参数估计值之外，EViews 还输出模型加权条件下的多种检验结果，一同附于表 3-2 中。结果表明，调整后的可决系数为 0.995879，说明模型的拟合度较高，D.W 检验值为 2.10，证明残差无序列相关。

从两个系数的结果来看，以科技经费支出为代表的物质资本与以地区 R&D 人数为代表的人力资本对于自主创新能力的提高作用非常显著，从而也显示出它们是最重要的两类创新资源。总的来说，创新资源就是影响自主创新和其效率的因素。R&D 投入、技术引进、技术改造、技术人才的储备都是重要的创新资源，从经济增长的角度来看，它们将导致知识的积累和创新，而知识的积累和创新则是转化为现实创新能力的基础。在自主创新的历程中，各种创新资源在数量上的积累和储备将导致技术进步中技术的质的提高，最终将导致拥有真正核心知识产权的自主创新的实现。而从两者的回归系数的比较可以看出，技术进步的两个制成要素对技术进步率的系数大约相差3倍，可见人力资本对于技术进步的重要性非同一般。从表3-1中可以看出，规模以上工业企业R&D人员全时当量在北京、上海、江苏、浙江、广东等几个主要省份或地区居多，其中江苏、广东的数量是其他中等水平的6~8倍，是少数不发达地区的十到十几倍，而其创新能力指数也相应的是其他地区的2~3倍，这足以说明人力资本在自主创新进程中有着举足轻重的作用。

第四节 自主创新进程中物质资本投入及其配置状况

自主创新进程中投入自主创新中的物质资本是一种重要的创新资源。在渐进式技术创新中，物质资本的投资率对技术进步的快慢起着举足轻重的作用。如前所述，投入到自主创新进程中的实物资本，包括研究开发的基础设施、研发工程设施资源、物化在研发过程中的具备技术含量的资本设备等在内的各种有形资本。在这些有形资本中，最重要的也是最直观的就是R&D经费投入。作为技术创新的重要标志，R&D活动是指在科学技术领域为了增加知识总量以及运用这些知识去创造新的应用进行的系统的创造活动，包括基础研究、应用研究、实验发展三类活动，是科技活动的灵魂。R&D活动的开展，有赖于人力和财力这两个核心资源的支撑。而R&D经费支出及其占GDP的比重，则是一组国际通用的、用于衡量科技活动规模及科技投入强度的重要指标。而从前文所分析的内容来看，R&D 经费投入至少代表了物质资本在技术进步过程中直接作用于技术的部分。表 3-3 列出了中国 1990~2018 年经济发展期内的 R&D 投入变动情况。

表 3-3　1990~2018 年中国的 R&D 投入变动情况

年份	R&D 投入（亿元）	基础研究的比重（%）	应用研究的比重（%）	实验发展的比重（%）	R&D 占 GDP 的比重（%）
1990	125.43	—	—	—	0.71
1991	142.30	—	—	—	0.70
1992	169.00	—	—	—	0.79
1993	196.00	—	—	—	0.74
1994	222.00	—	—	—	0.66
1995	348.69	5.18	26.39	68.43	0.60
1996	404.48	5.00	24.51	70.49	0.60
1997	509.16	5.39	26.02	68.60	0.64
1998	551.12	5.25	22.61	72.13	0.69
1999	678.91	4.99	22.32	72.68	0.83
2000	895.66	5.22	16.96	77.82	1.00
2001	1042.5	5.0	16.9	78.1	0.95
2002	1287.6	5.7	19.2	75.1	1.07
2003	1539.6	5.7	20.2	74.1	1.13
2004	1966.3	6.0	20.4	73.6	1.23
2005	2450.0	5.4	17.7	77.0	1.34
2006	3003.1	5.2	16.8	78.0	1.42
2007	3710.24	3.9	13.3	82.8	1.37
2008	4616.02	4	12.5	83.5	1.45
2009	5802.11	4.7	12.6	82.7	1.66
2010	7063.00	4.7	12.6	82.7	1.71
2011	8687.00	4.8	11.8	83.4	1.78
2012	10298.41	4.8	11.3	83.9	1.91
2013	11846.60	4.7	10.7	84.6	2.00

续表

年份	R&D 投入（亿元）	基础研究的比重（%）	应用研究的比重（%）	实验发展的比重（%）	R&D 占 GDP 的比重（%）
2014	13015.63	4.8	10.7	84.5	2.03
2015	14169.88	5	10.8	84.2	2.07
2016	15676.75	5.3	10.3	84.4	2.12
2017	17606.13	5.6	10.5	84.0	2.13
2018	19657.00	—	—	—	2.18

资料来源：国家统计局历年中国科技统计年鉴。

从数值上来看，自 1990 年以来，中国的经费支出呈现不断上升的趋势，并随着 GDP 总量的不断增长，R&D 支出费用的绝对值也不断在增加。2017 年 R&D 支出费用约为 17606.13 亿元，比 2016 年增加了 12.3%，占该年 GDP 的 5.6%。从 1990~2018 年 R&D 支出增长了 156.7 倍，年平均增长率为 20.5%，但是需要指出的是，虽然中国科技研发经费持续增长，但是科技经费的增长明显滞后于国民经济的增长。

1990~2018 年，R&D 占 GDP 的比重呈现先升后降再提升的特点。1994~1998 年一直比较低，其中 1994 年还出现了下降，直到 1998 年才提高到 0.69%。1998 年底国家调整了科技投入的统计口径，1999 年这一比例达到了 0.93%，直到 2002 年以后才逐步上升，但占国内生产总值的比例仍然较低。而发达国家 R&D 投入占 GDP 的比重在 2006 年就已超过 2%，且基本稳定在 2%~3%（见表 3-4）。

表 3-4 世界主要发达国家 R&D 及占 GDP 的比重

R&D 经费及比重	美国	日本	德国	法国	中国	韩国
R&D 经费（亿美元）	3437	1513	686	453	377	236
R&D/GDP（%）	2.61	3.33	2.46	2.15	1.42	2.99

注：鉴于数据的可得性，选取 2006 年的相关数据，主要用于相关指标的比较说明。
资料来源：中国科技部．主要科学技术指标 2007/1（OECD）[EB/OL]．http://www.sts.org.cn/sjkl/kjtjdt/date 2007/2007-6.htm.

从 R&D 经费支出类别上来看，中国基础研究的投入在小幅波动中呈稳中下降的特点，应用研究呈现逐步减小的趋势，而相应的实验发展的比例呈现相应增加的趋势。可以看出，中国在 R&D 经费的使用上，比较重视科学技术的实际应用，而对基础研究和基础科学重视不足。美国 1995 年的 R&D 经费投入到基础研究中的比例就占了 16.2%，日本 1997 年为 13.8%，法国为 22%，远高于中国水平。基础研究作为一国长期发展的重要保障，在任何情况下都处于举足轻重的地位。虽然不能立即产生经济效益，但是基础研究决定了一个国家未来的科技突破和创新的能力，它对创新要素的积累非常重要，发达国家对基础研究都非常重视，在 21 世纪初就达到了较高水平，这一点从表 3-5 可以看出。

表 3-5　世界主要发达国家 R&D 经费支出类型

单位：%

R&D 类别	美国 2004 年	日本 2003 年	法国 2003 年	俄罗斯 2003 年	韩国 2003 年	中国 2018 年
基础研究	18.7	13.3	24.1	15.1	14.5	5.5
应用研究	21.3	22.4	36.2	15.6	20.8	11.1
实验发展	60.0	64.3	39.7	69.4	64.7	83.3

注：鉴于数据的可得性，选取了不同年份的相关数据，不影响相关指标的比较。
资料来源：国家统计局历年中国科技统计年鉴。

高水平的 R&D 投入强度是一个国家具有较高创新能力的重要保障。虽然中国 2018 年 R&D 投入强度为 2.18%，但从国际比较来看，中国与世界发达国家的水平还有较大差距，绝大多数发达国家的 R&D 经费强度均早已达到 2% 以上，以色列甚至超过 4%。

第五节 自主创新进程中人力资本投入及其配置状况

人力资本具有其独特的性质,以被投资人作为其载体,从而把人与知识、技能联系起来。从现实性的意义上来说,人力资本是科学技术与人力资源的结合。从表3-1可以看出,各地区R&D人数的差异在其各自的技术存量以及科技研发投入的作用下导致了各地区自主创新能力的不同。所以,分析中国的科技人力资源的配置情况将有助于我们对自主创新问题的认识。

一、R&D 人力资源总体情况

中国的R&D人力资源与科技活动人力资源的变化趋势基本一致。2017年,R&D人力总量为4033.6千人·年,排在世界第二位,仅次于美国。从科技活动类型来看,基础研究、应用研究、试验发展的人力分别为290.1千人·年、489.6千人·年、3253.9千人·年,占总量的比例分别为7.1%、12.1%和80.7%。与1991年相比,R&D人力总量的年平均增长速度为11.4%。由此可见,中国R&D人力总体规模发展平稳,人员的比例不断提高。在三类科研活动中实验发展的比重也逐渐提高,说明中国自主创新的研发活动也是比较活跃的。2009~2018年,中国R&D人员全时当量(万人·年)增长了82.87%。与同期其他国家相比,只有少数中小国家出现如此高速增长的状况,例如,韩国、捷克、西班牙、爱尔兰的R&D科学家工程师分别增长了66.1%、72.8%、45.9%和33.4%。绝大多数国家的R&D人员全时当量呈现增长缓慢的态势,甚至有些国家还出现下降的趋势。像日本 2004 年 R&D 科学家工程师总量比 2000 年增长了 4.6%，但 R&D 人员总量近几年先下降后上升，基本没有增长。芬兰 R&D 人力投入在前几年高速增长后，近两年出现了下降，2005 年 R&D 科学家工程师比 2004 年减少 3.5%。德国 2006 年 R&D 人员总量比 2001 年增长了 4.1%，与 2005 年相比则下降了 3.0%[①]。

中国科技人力资源总量增长主要取决于：一是近年来中国经济一直保持高速增长，为科技人力资源总量的增长奠定了强有力的物质基础；二是中国各高等院校持续扩招导致了高等教育规模的空前扩大，扩充了科技人力资源的供给容量；三是市场体制的不断完善导致企业之间竞争加剧，企业进行技术创新的动力增强，扩大了对技术进步的有效需求，从而使研发投入大规模增加，越来越多的研发人力资源汇聚到科学研究、研发活动中来。有资料来源显示，中国已累计培养了 5400 万大专及以上毕业生，其中，有 39% 为大学本科及以上学历毕业生。近年来，中国大学生和研究生毕业生数量更是明显增长，高学历高学位所占人口比例大幅增加，国民的科技素质有了进一步提高。而且，随着中国各大高校毕业人数的逐年增加，其规模呈现逐年增加的态势。2018 年，按折合全时工作量计算的全国研发人员总量为 419 万人·年，已连续六年稳居世界第一位[②]。

二、研发人力资源在自主创新进程中的配置状况

研发人力资源在各种创新机构中的分布情况在一定程度上也决定着自主创新能力的提高，从而影响自主创新的进程。按科技活动执行部门来看，2018 年中国 R&D 人员在企业、研究机构、高等学校和其他机构的分布比例分别为 65.8%、15.4%、16.1%、2.7%。绝大多数 R&D 人员长期稳定地集中在企业，这样有利于最为活跃的创新人才直接投入到经济建设

---

① 资料来源：中国科技部网站 [EB/OL]. http://www.most.gov.cn.
② http://politics.gmw.cn/2019-08/07/content_33061336.htm.

的主战场,从而反映了企业是自主创新的主体,这也是世界主要市场经济国家研发人力资源布局的共同特征。从国际上来看,企业R&D人员比重最大的国家是美国,其1999年企业科学家工程师总量所占的比重就已高达80.5%,到2002年仍有79.9%。从此看来,美国能保持强大的技术创新能力和国家竞争力的主要原因在于企业R&D活动上人力资源的高投入。排在第二位的是韩国,其企业科学家工程师总量所占比重也达到76.6%。其他许多国家如日本、瑞典、加拿大等国的R&D人员及其企业科学家工程师总量所占的比重也超过了50%[①]。从分布类型来看,中国分布类型与世界发达国家的结构正趋向一致,企业科研力量和技术创新能力的基础不断夯实;高等院校在整个国家创新体系中的地位得到了提升,科研经费投入不断增加。在科技体制改革下,原有属于政府的技术研发机构采用现代企业制度,而政府研究机构的科研人员则主要从事社会公共领域的研发活动。从各科技执行部门的分布结构来看,中国研发人员的分布日趋合理,有利于在社会主义市场经济条件下经济与社会的发展。例如,2017年,中国基础研究、应用研究、试验发展研究人员全时当量分别为29.01万人·年、48.96万人·年、325.39万人·年,占总量的比例分别为7.21%、12.14%和80.67%[②]。

从科技活动的类型来看,中国研发人力资源配置向试验发展倾斜。2017年,在中国研发人员中,从事基础研究、应用研究、试验发展的人员和比例分别为29.1万人·年、7.21%、48.96万人·年、12.14%,325.39万人·年、80.67%。而在整个"十三五"期间,试验发展人员全时当量的总量增加了103.07万人·年,年平均增长率为10.08%,可以明显看出,中国研发人力资源投入侧重于试验发展活动;增长率居第二位的是基础研究,其人员全时当量总量在五年共增长了7.95万人·年,年平

---

① 宋卫国,杨起全,高昌林.正确认识中国研发人力资源[J].科技管理研究,2008(3):12-14.

② 资料来源:中国科技统计网站[EB/OL].http://www.most.gov.cn.

均增长率为9.15%,这说明基础研究的地位有所提高,尤其在大学与科研机构中基础研究的岗位增长更快;而增加幅度最小的是应用研究人员数目,其年均增长率仅5.64%。所以,从整体上来看,基础研究的投入在逐渐得到加强,这对于中国保持自主创新的可持续进程是十分重要的。同时,中国正处于工业化中期的发展进程中,在科技人力和经费资源都有限的情况下,更多地注重科技投入对促进经济和社会发展的实际效果,将主要精力集中在应用研究和试验发展方面,建立促进科技向现实生产力转化的科研投入体系,是与中国自主创新的科技战略相符合的。可以展望的是,随着经济不断发展和综合实力的增强,中国将会不断加强对基础研究科研活动的投入,以便通过基础研究中知识的积累,使中国向创造型大国转化,最终获得拥有完全核心知识产权的自主创新能力。

从研发人力资源的构成来看,中国高等学校在校学生和海外留学人员是中国R&D科学家工程师增量的主要来源。由于理工学科的特殊性,在世界上其他国家,尤其是OECD国家,学习理工科的年轻人越来越少,这对于今后科技人员的供给造成严重的影响。例如,2002年美国科学工程领域大学入学人数只占全部入学人数的33.5%,2004年为33.1%。1998年韩国报考大学科学工程专业的高中毕业生的比例为42.4%,而到2002年仅为26.9%。丹麦下降更快,2001年比1994年下降了约17%。恰恰相反,中国却有着丰富的人力资源,而科技研发人力资源的未来供给能力也不断增强。自从2000年扩招以来,高等学校本专科生和研究生招生数呈现高速增长的态势。2018年,全国普通高等学校招生数790.9931万人,是2000年招收量的3.59倍。中国初中升学率和高中升学率也从2000年的51.2%和71.2%大幅提高到2016年的93.7%和94.5%,这标志着中国已经进入大众教育阶段。虽然大规模的扩招还会产生许多其他的问题,但是这也确实为中国自主创新提供了充足的后备军。另外,中国高等院校的在校生规模从扩招前的413万人,大幅跃至2018年的2831.0348万人,中国理所当然地成为世界上高等教育规模最大的国家。在中国高校中自然科学与工程技术领域的学生所占的比例在50%以上，虽然人文和社会科学科也占了相当一部分，但是与其他技术发达国家理工科30%的比例还是高多了。在中国科技人力资源中海外留学人员也是重要的组成部分。有资料来源显示，2010年至2018年底，中国共有423.61万各类人员出国留学，其中有315.41万人学成回国，还有108.2万人在外留学，这其中有51.28万人以学习、合作研究、学术访问等方式正在国外留学。近几年来中国学成回国人员数量呈逐年增多的趋势，2018年有51.94万人，比2017年增长8%，相当于2010年的3.85倍。这表明，随着中国经济高速增长，回国创业和就业将是大批海外留学人员的选择。这样，无论是从国内高校在校生来看，还是从海外留学人员数量来看，中国科技人力资源储备量都是巨大的①。

三、研发人力资源在自主创新进程中配置存在的问题

从以上论述可以看出，中国人力资源配置的结构发生了好转，但是却存在着明显的地区差异。具体来看，研究生毕业人数一直高度集中在北京、上海、湖北、江苏等地，4省市2006年的研究生毕业人数占全国的43%，仅北京一地就达到19%，体现了人才培养的高度集中状态。人力资源的配置明显地向北京等强势地区倾斜，这些地区R&D论文数目、专利成果也显示着强烈的优势，从而使自主创新能力较强，技术进步也快。

虽然中国研发人员及研发科学家工程师总量位居世界前列，但是从相对比率即研发人员占整个社会劳动力的比重来衡量，中国在国际上处于落后位置。从可获数据来看，2006年中国每万名劳动力中R&D人员为19人，是俄罗斯、德国、日本、加拿大、比利时和法国的1/6，韩国和意大利的1/4（见图3-6），其中从事R&D活动的科学家工程师14.4人，虽

---

① 资料来源：中国科技统计网站［EB/OL］. http：//www.most.gov.cn.

然相对于2000年的10人有了大幅的提高，缩短了与发达国家的差距，但目前美国、日本、韩国和俄罗斯仍然不少于中国的6倍、7倍、4倍和5倍。而且在中国每万名劳动力中，R&D人员和科学家工程师比波兰、阿根廷等国还低，几乎与南非比例相当①。

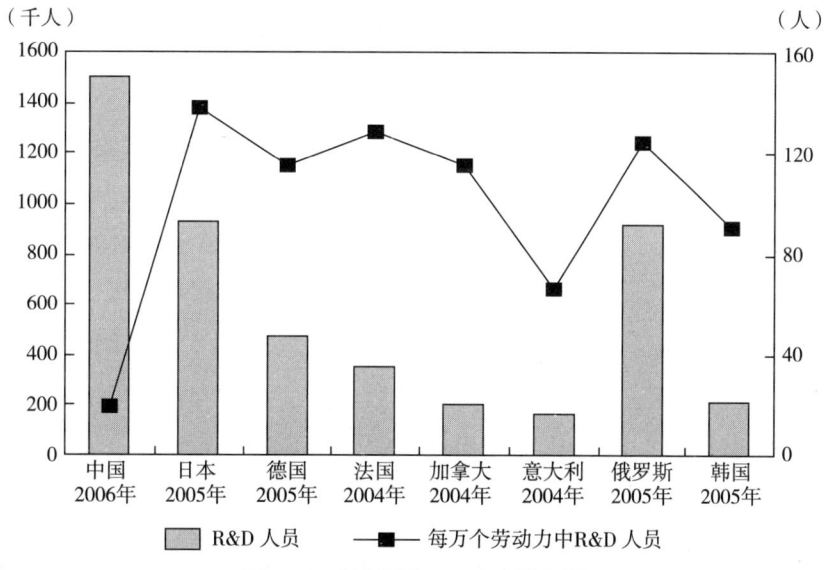

图 3-6　部分国家 R&D 人员比例

资料来源：中国科技部，OECD《主要科学技术指标 2007/1》.

虽然中国科技人力资源的存量非常巨大，但是 R&D 活动的效率却需要进一步提高。2016 年中国科技论文总数为 404858 篇，在世界排名第二，在"九五"时期，平均每年以 15.9% 的速度在增长。但是，以每 100 R&D 人力的科技论文数来看，瑞士为 41.8 篇，加拿大为 38.1 篇，意大利为 34.2 篇，美国为 45.4 篇（2006 年，以 R&D 研究人员数目为基础计算，英国为 84.0 篇；2004 年，以 R&D 研究人员数目为基础计算），法国为 31.5 篇，韩国为 15.1 篇，日本为 12.8 篇，中国台湾为 14.2 篇，而中

---

① 资料来源：中国科技统计网站 [EB/OL]. http://www.most.gov.cn.

国大陆只有13.9篇。再以专利指标来衡量，在"九五"时期，虽然中国发明专利的国内申请受理量以平均每年21.9%的速度增长，但从1995年起中国专利的国外申请量就一直保持着大于国内申请量的势头，这一方面说明了外国对中国的技术封锁一直在加强；另一方面，也在一定程度上反映出中国企业的自主创新能力相对还很不足。

中国科技人力资源存量巨大与中国自主创新水平不足的强烈反差，促使我们深刻思考造成这种现象的根本原因，主要表现在以下三个方面：

（1）虽然中国科技经费逐年增加，但是从整体上来说依然显得不足。人均科研经费的不足使大量的科技研发人员的劳务费用偏低，从而不能产生合理回报，在这样低成本的运作方式下，研发活动不可能长期有效地开展下去，许多高水平的科技人才放弃了科研活动，转向有着更高收益与回报的行业和领域谋求职业。这也从一个侧面反映中国科研经费投入和科技人力投入匹配较差，从而抑制了中国科技人员主动性和积极性的发挥。此种情况正如鲍莫尔（1990）指出的那样，"对于知识的积累来说，影响高才者的选择追求创新的那些经济激励和社会因素可能是重要的"①。从这个意义上来说，增加科研经费的投入，提高科技人员收入，努力改善中国科研经费投入和科技人力投入不匹配的状况，让更多的人力资本运用到技术进步中去，是推动自主创新的重要举措。

（2）国内外资企业、跨国公司在国内的分支机构是中国国内内资企业在自主创新过程中争夺人力资源的强劲对手。随着经济全球化趋势的加强，国外一些有实力的大型公司借助中国的科技人力资源开始在中国建立自己的分支研发机构，由于其待遇优厚，许多高技术人才纷纷加入其中。如果这种趋势发展下去，中国的许多内资企业的优秀人力资源将会流失，这极不利于中国的自主创新。为此，中国依靠低成本的方式来维持科研和创新的局面将难以为继，必须加大R&D经费投入，不断提高研发人员收

---

① [美]戴维·罗默. 高级宏观经济学[M]. 苏剑，罗涛译. 北京：商务印书馆，1999：149.

入，增强科研活动的实际吸引力。

（3）对海外人力资源的吸引力不强。海外人力资源也是中国潜在的研发人力资源，而且大部分是高精尖科技人才。归国的海外研究人员不仅能够缓解国内技术人才的短缺，而且还能建立国际技术创新网络，便于国外知识的流入。中国有着大量的海外留学人员，是中国宝贵的人力资源财富，对中国自主创新能力的提升有着重要的影响。虽然中国学成归国人员有逐年上升的趋势，但与出国留学人员总数相比还不占绝对优势。因此，如何对中国海外人才的利用方式进行创新，突破以往人力资源开发的传统观念，让越来越多的海外人才甚至是居住在海外的中国留学人才和海外华人加入到中国自主创新的大军中来，是中国目前所面临的重大课题。

第四章 中国自主创新的现状、问题和成因

中国的自主创新不可能一蹴而就,而是一个渐进性的过程。在这个过程中,每个阶段有着自己的活动特征,只有充分了解中国现阶段自主创新的现状、存在的问题及其成因,才能采取适当的方式加快中国自主创新的进程。本章将从三个方面来分析中国自主创新问题。

第一节 中国自主创新的现状分析

自党的十一届三中全会以来,中国科技生产力得到了解放和发展。经过40多年的积累,产业技术进步迅速,科技实力得到了明显的增长。为了对中国自主创新的现状有充足的了解,本书拟从自主创新R&D经费投入、科技活动人员的变化特点、自主创新主体、高科技产业技术进步情况和自主创新产出等角度来分析中国自主创新的现状。

一、中国自主创新R&D经费投入情况

R&D是指在科学技术领域,为了增加知识总量,以及运用这些知识

第四章 中国自主创新的现状、问题和成因

去创造新的应用而进行的系统的创造活动,根据国家统计局的统计口径,R&D 包括基础研究、应用研究和实验发展三类活动。随着科教兴国战略的贯彻实施以及《中国国家中长期科技发展规划纲要（2006～2020年）》提出走中国特色自主创新道路和建设创新型国家的战略目标,越来越多的企业开始意识到科技投入对企业成长和竞争力提升至关重要,并逐步加大了科技投入规模。中国政府也加大了对自主创新的投入力度,从财政补贴、融资等方面给予了自主创新以极大支持。

从数字上来看,自20世纪90年代以来,中国的经费支出呈现不断上升的趋势。2018年R&D 经费支出总额为19657亿元,1990～2018年,R&D 经费支出增长了156.71倍,平均每年的增长率为18.99%,按人口平均R&D 支出为228元,占当年GDP 比重由1990年的0.71%上升到2.18%。近十年来,虽然中国R&D 经费支出占GDP 比重有所上升,但是增加的比例不大,每年增加的比例不超过0.1%,增加的比例不显著。这种情况对推进自主创新、提升科技竞争力、增加经济发展后劲极为不利。从R&D 经费支出的类别来看,2017年基础研究的投入为975.49亿元,占R&D 的5.6%,与以往年份相比略有上升①。从总的发展态势来看,中国基础研究的投入占R&D 的比例呈现小幅上升的特点。2017年应用研究支出的投入为1849.21亿元,试验发展支出为14781.43亿元,占当年R&D 总额的比重分别为10.5%和84%。这两项支出的变化比较平稳,近年来应用研究支出占R&D 总额的比例逐渐下降,而试验发展支出占R&D 总额的比例则呈现上升趋势。可以看出,在中国的R&D 经费使用上,比较重视科学技术的实际应用,而对基础科学和基础研究重视不够,而从长期来看,基础科学和基础研究是技术积累的重要因素,它作为一国长期发展的重要保障,在任何情况下都处于举足轻重的地位,虽然不能立即产生经济效益,但是基础研究决定了一个国家未来的科技突破和创新能力,所以发

---

① 资料来源：中国科技统计网站 [EB/OL]. http://www.most.gov.cn.

达国家对基础研究都非常重视。

另外,自20世纪70年代以来,外商直接投资开始介入中国,目前在华外资规模持续增长,2003年批准设立外商直接投资企业41081家,比2002年增长20.2%;合同金额1151亿美元,增长39.0%;实际使用金额535亿美元,增长1.4%。外资在提供资金、扩大生产、引进先进技术和研发能力、提升产业结构、扩大出口和提升出口商品结构等方面发挥了积极作用,并在中国经济中占据了重要地位。目前,世界500强企业中有80%以上在中国设立了各种类型的研发机构,广泛分布于机械电子、化工等行业,在一定程度上促进了中国的产业技术进步。从2006年的数据来看,在中国工业全部R&D投资中,港澳台商投资企业与外商投资企业R&D经费内部支出分别为276.27亿元和571.89亿元,占全部工业企业的26.7%,而且这个比例还有上升趋势,这些情况说明,跨国公司已成为中国企业科技投入的重要力量。

二、中国自主创新的科技活动人员变化特点

科技活动人员是自主创新的核心。科技活动人员的数量、素质和群体发展趋势是中国自主创新的重要影响因素。科技活动人员的数量、素质是衡量一个国家科技投入和科技实力的重要指标,它是指直接从事科技活动的人员和为科技活动提供直接服务的人员。其中,科学家和工程师是科技活动人员的核心部分,是从事科技活动的骨干,是中国自主创新的主力军。因此,中国乃至国际上多采用科学家和工程师的数量和质量来衡量一国的科技人力资源情况。

自20世纪90年代以来,中国科技活动人员的数量有了明显的增长。2018年,中国研究与试验发展人员全时当量为419万人·年,是2000年的4.5倍(见表4-1)。

表 4-1 全国研究与试验发展（R&D）人员全时当量

年份	研究与试验发展人员全时当量（万人·年）	科学家和工程师	
		人数（万人·年）	比例（%）
2000	92.21	69.51	75.38
2001	95.65	74.27	77.65
2002	103.51	81.05	78.31
2003	109.48	86.21	78.74
2004	115.26	92.62	80.36
2005	136.48	111.87	81.97
2006	150.25	122.38	81.45
2007	173.62	—	—
2008	196.54	—	—
2009	229.13	—	—
2010	255.40	—	—
2011	288.30	—	—
2012	324.70	—	—
2013	353.30	—	—
2014	371.06	—	—
2015	375.88	—	—
2016	387.81	—	—
2017	403.36	—	—
2018	419.00	—	—

注：科学家和工程师人员指标自2007年起废止。
资料来源：国家统计局、科技部历年中国科技统计年鉴。

除此以外，中国科技后备军力量逐年增长，2018年末全国普通高校招生人数为790.9931万人，比2000年增长了3.62倍。同时，中国研究生的招生规模和人数也在大幅度增长。2018年研究生的招生人数为85.7966万人，是2000年的6.68倍。由此可见，中国科技活动人员的素质在逐年提高，并且随着科教兴国等战略的实施，越来越多的高精尖人才会脱颖而出。

三、中国自主创新的承担主体

自20世纪90年代以来，企业科技投入一直保持着高速增长，特别是1994年以来，开始大幅攀升，远远高于同期全社会科技投入的增长速度，并逐渐成为中国科技投入的绝对主力。2011年全国科技活动经费筹集总额为8687.01亿元，比2010年增长1651.44亿元，增长23.47%，其中，来源于企业的资金为6420.64亿元，比2010年增长27.49%，占同期科技活动经费的73.91%。从科技活动经费支出角度来看，企业已经成为科技活动的执行主体。企业已经成为自主创新R&D投入主体。其中，大中型工业企业是中国最为活跃的科技活动主体。2017年，中国大中型工业企业全年开发新产品项目数为222448项。技术开发经费规模的扩大给大中型工业企业带来了较好的经济效益，2017年该类企业的全年新产品销售收入达到了159956.1亿元，增长了8.56%。从R&D经费的支出主体来看，2017年企业研究与试验发展人员全时当量总量为1931419人·年，占总当量的47.88%。此外，民营科技企业也是中国科技投入主体中不可小视的力量。民营科技企业小而灵活，创新意识强，成为中国自主创新阵营中的重要组成部分。

但是，这些情况还不能说明中国企业已经成为自主创新的主体。因为企业作为一个自主经营、自负盈亏的微观实体，要成为技术创新主体必须具备以下五个条件：第一，企业的制度安排要体现具有追求技术创新的内在推动力；第二，完善的市场体系使企业优胜劣汰；第三，具有创新精神的企业家及其经营管理团队；第四，企业要拥有一定实力的研究和开发力量，也就是说要有技术的量的积累；第五，企业还要具备自我积累和融资能力，以便为自主创新打下坚实基础。从这些条件来看，尽管中国企业在自主创新方面做出了许多努力，但是仍然处在向自主创新主体的转变过程中。原因在于，虽然从总体上来看，国有企业的数量和比重已经大大下

第四章 中国自主创新的现状、问题和成因

降,多种所有制并存和竞争的格局已经基本形成,但是市场机制在某些领域仍没发挥关键作用。另外,中国的投融资体系也正处在改革之中,各种规则、制度亟须改进,暂时还不能为自主创新主体提供一个高效、完备的资本运营场所。

四、中国自主创新中高科技产业的技术进步状况

中国高技术产业是技术创新中最为持续的产业,高技术产业极大地促进了经济体系从传统投入型向知识型转变,高技术产业构成了现代经济体系中最具活力、最能体现自主创新的部分,代表了技术体系的未来发展方向。中国作为一个后起的发展中国家,具有明显的追赶型特征。中国政府为了跟踪世界科技和经济发展,制定了一系列促进高科技产业发展的方针政策,其中,最引人注目的是"863"计划。"863"计划以生物技术、航天技术、信息技术、激光技术、自动化技术、能源技术、新材料技术7个领域15个主题(后增加为8个领域、20个主题)为主攻目标的高技术研究发展计划。与此同时,又提出促进高新技术成果商品化及其应用扩散,建立有国际竞争力的高技术产业群的"火炬计划",以及用现代技术改造传统产业,并使产业结构合理化、高级化的攻关计划。这些重大科技计划的实施,使中国高技术产业得到快速发展,在航空航天领域、计算机及部件、电信、生物技术、家电、机器人制造等领域都取得巨大进展和成就。通过这些计划和方案的贯彻与实施,高新技术企业创新能力显著提升,高新技术产业国际竞争力有所增强。

发展高新技术产业开发区是中国鼓励高技术产业发展的一个重要举措,也是"火炬计划"的重要组成部分。高新区是以智力密集和开放环境条件为依托,主要依靠中国自己的科技、经济实力和工业基础,为通过软硬环境的局部优化,最大限度地把科技成果转为现实生产力而建立起来

的、面向国内外两个市场发展中国高技术产业的集中区域,成为中国自主创新的主战场。

1985年7月,深圳市政府批准设立了中国第一个高技术产业开发区——由深圳市与中国科学院联合主办的深圳科技工业园。1988年5月,在对"中关村电子一条街"的发展情况进行深入调研的基础上,国务院批准以其为中心成立北京新技术产业开发试验区,这是我国第一个国家级高新技术产业开发区。在此之后,国务院于1991年3月、1992年11月和1997年7月又先后批准设立了52个国家高新技术产业开发区,使国家高新技术产业开发区总数达到53个。为了促进高新区的建设,鼓励高技术企业的发展,这期间,中国还先后制定了《国家高新技术产业开发区若干政策的暂行规定》《国家高新技术产业开发区税收政策的规定》《国家高新技术产业开发区高新技术企业认定条件和办法》等政策。经过30余年的建设,中国的高新技术产业开发区已经初步形成了有利于高技术产业发展的局部环境,区内高技术企业也已初具规模,并逐步发展成为中国高技术产业化的重要基地。到2014年中国已建成108个国家级高新技术产业开发区。

2011年中国高新技术产业总产值占全部制造业增加值和GDP的比重已分别由1995年的6.2%和2.0%上升到13.4%和8%。从增长的态势来看,1995~2011年,高新技术产业增加值年均增幅达到10.6%。同时,中国高新技术产品进出口贸易快速增长,高新技术产品在中国商品进出口中的地位不断提高,使中国对外贸易结构得到较大改善。2011年高新技术产品占商品和工业制成品出口的比重分别达到29.0%和30.7%。而2000年的比重仅为14.9%和16.6%,到2011年提高了将近14个百分点(见表4-2)。但是值得注意的是,在商品进出口贸易差额中,高技术产品逆差为117亿美元,说明中国的高新技术产业还比较薄弱,高技术产品的贸易结构还有待优化,只有少数产品达世界先进水平,大多数产品和服务在国内外市场上的竞争力还比较低。2011年,在中国高技术产品出口中,来料加工和进料加工所占的比重为89.3%①。这表明中国企业多进入的是高技术产业的下游区域,中国高技术产业的生产方式主要以加工、组装为主,缺乏具有自主知识产权的产品,许多高技术产业产品生产的关键技术或零部件依赖进口。

表4-2 高新技术产品对外贸易额占商品和工业制成品对外贸易额的比重

年 份	高技术产业新产品出口销售收入(亿元)	出口总额(亿元)	占商品对外贸易比重(%)
2000	—	20634	14.9
2001	—	22024	17.5
2002	—	26947	20.8
2003	—	36287	25.2
2004	—	49103	27.9
2005	—	62648	28.6
2006	—	77597	29.0
2007	—	93627	—
2008	—	100394	—
2009	—	82029	—
2010	—	107022	—
2011	22473	123240	18.2
2012	25571	129359	19.8
2013	31229	137131	22.8
2014	35494	143883	24.7
2015	41413	141166	29.3
2016	47924	138419	34.6
2017	53547	153309	35.0
2018	—	164176	—

资料来源:国家统计局、科技部历年中国科技统计年鉴。

---

① 资料来源:中国科技统计网站 [EB/OL]. http://www.most.gov.cn.

五、中国自主创新产出分析

中国现阶段自主创新的成果可以从专利指标、科技论文以及科研攻关研究能力三个方面来描述。

1. 专利指标

专利反映了一个时期科研人员从事科学技术活动的成果的数量和质量。自中国科教兴国的国策开始实施以来，国内国外专利授权量逐年上升，来自国外的专利申请或授权的比率高于国内专利申请比率。从授权专利的不同类别来看，2017年授权发明专利143535件，实用新型专利686208件，外观设计专利398670件，分别占当年授权专利的11.68%、55.86%、34.27%，其中，实用新型专利和外观设计专利占了总数的将近90%，而发明专利比重偏低，这表明中国科技自主开发能力和知识产权保护意识有待提高（见表4-3）。从这三种专利的近几年间的比例变化可以看出，发明专利的比重较2000年的12.04%有较大幅度的增加，从2003年起一直保持在20%以上的比例。从国内职务专利授权总量来看，近几年企业的专利授权总量的比重都在80%以上，而大专院校、科研单位、机关团体等的授权比重仅在20%，并有下降趋势。但是，就发明专利的职务授权量来看，2006年大专院校和科研单位中国内授权的47.55%，企业占了51.26%，与2000年的55.31%和35.38%相比，虽然企业所占的比例有了较大的提升，但仍然未占绝对地位①。由此可见，虽然中国企业加快了技术创新的步伐，而且自主创新和知识产权的意识有所增强，但企业尚未真正成为原始创新活动的主体。

---

① 国家统计局，科学技术部. 中国科技统计年鉴（2007）［M］. 北京：中国统计出版社，2007：272.

第四章　中国自主创新的现状、问题和成因

表4-3　中国专利授权量

单位：件

年 份	发 明	实用新型	外观设计	合 计
2000	12683	54743	37919	105345
2001	16296	54359	43596	114251
2002	21473	57484	53442	132399
2003	37154	68906	76166	182226
2004	49360	70623	70255	190238
2005	53305	79349	81349	214003
2006	57786	107655	102561	268002
2007	143847	566750	452629	883861
2008	112347	405086	366428	719408
2009	79767	342256	318597	501786
2010	65391	202113	234282	352406
2011	46590	175169	130647	301632
2012	31945	148391	121296	1705100
2013	326970	967416	426442	1611900
2014	302136	897035	429710	1578200
2015	263436	868734	464807	1191600
2016	162680	699971	346751	1210200
2017	143535	686208	398670	1228413
2018	—	—	—	2319209

资料来源：国家统计局、科技部历年中国科技统计年鉴。

2. 科技论文

根据美国出版的科学论文索引"SCI"、科学技术会议录索引"ISTP"和工程索引"EI"三种权威的检索工具的检索结果来看，2005年，中国科技人员（不含港、澳、台）在国际上发表的期刊论文和会议论文共153374篇，是2000年的3倍。按照国际论文排序来看，中国发表的科技论文在三种索引中的排名也由2000年的第8位、第8位、第3位上升到2005年的第5位、第5位、第2位（见表4-4）。

表 4-4　国外主要检索工具收录中国论文数量及在国际上的位次

单位：篇

项 目	2000年	2001年	2002年	2003年	2004年	2005年
篇数合计	49678	64526	77395	93352	111356	153374
《SCI》	30499	35685	40758	49788	57377	68226
《ISTP》	6016	10263	13413	18567	20479	30786
《EI》	13163	18578	23224	24997	33500	54362
位 次						
《SCI》	8	8	6	6	5	5
《ISTP》	8	6	5	6	5	5
《EI》	3	3	2	3	2	2

资料来源：国家统计局、科技部历年中国科技统计年鉴。

从"SCI"收录的中国科技论文的 5 年被引用情况来看，2001~2005 年收录的论文总数为 210099 篇，被引用论文数 549879 篇，论文影响指数（被引用论文数/收录的论文总数）为 2.62，而 1996~2000 年的论文影响指数仅为 1.68，这说明中国的自主创新成果在国际上的影响在加大。但是，总的来说，中国论文在国际上被引用的数量还不多，在影响因子高的国际学术期刊上发表的文章太少，论文的影响力比较小。另外，从科技论文的学科分布上来看，首先是 2005 年中国国内科技期刊刊登的科技论文篇数中医药卫生和工业技术占了很大比重，其次是基础研究。

3. 科研攻关研究能力

重大科研攻关研究则是自主创新的核心和重点，创新攻关能力考查一个国家或地区对重大科学研究攻关的组织水平和资源调度能力，攻关能力的提升意味着一个国家自主创新能力的增强。科研攻关研究能力可以从攻关经费投入状况和攻关所带来的创新人员增量等方面来分析。

科研攻关研究经费的投入情况，2018 年国家自然科学基金委员会共安排中央财政资金资助计划 256 亿元，比 2017 年的 248 亿元增加 3.23%，而 2000 年才 6.33 亿元，其上升趋势和 R&D 经费的状况基本相同，不同的是增长速度进一步加快，而且从全国自然科学基金经费资助平均增速来看已达到 27.6%，这充分体现了国家和地区在创新理念上的提升①。创新不仅体现在企业产出创新层面，同时也体现在日益重视周期长、投入高的攻关研究上，这是自主创新能力提升的重要举措。

科技攻关研究的执行随着创新人员的增加，其带来的创新人员增量可以从博士生毕业人数反映，现有培养机制体系体现了博士生成为科技攻关研究重要参与者和重要成果之一，也就是说，博士生在学习理论知识和参与实践的重要应用行为体现在科学研究课题的参与上，以及为科学研究提供人力和智力支持，也是科技攻关研究本身所培养的重要创新成果。2018 年的研究生毕业人数为 60.4368 万人，几乎是 2000 年的 11 倍，全国的研究生培养人数实现年均 21.2% 的增长②，体现了这一群体的快速增长。同时，这一群体毕业后大多数继续从事科学技术研究工作，他们中的绝大部分被聘为高级技术职务，有的还成为新的学科技术带头人。

第二节　中国自主创新存在的主要问题

一个国家的自主创新必然受到经济发展水平和科学发展水平的制约，自主创新需要有其成长的土壤。一个经济发展水平较低的国家通常产业技术创新能力也较低，所以自主创新的业绩也较差；相反，一个经济发展水平和科学发展水平较高的国家通常产业技术创新能力也比较

---

①② 资料来源：国家统计局网站。

强，所以自主创新的业绩也较好。据资料显示，虽然中国的创新指数排名明显低于发达国家，居于第 26 位，但并不低于甚至在一些方面已经高于中等收入国家水平，如中国的创新攻关能力具有相对优势，已经超过创新指数排名在前十位的芬兰，可以追赶新加坡和日本①。这表明，在总体上，中国技术创新的表现是同其经济发展水平相当的。在创新投入方面来看，中国有绝对的规模优势，而且其保持稳步增长，但是中国的技术进步对产业成长的作用有限，产业成长主要依靠非技术因素，技术进步尚未发挥其应有作用，集中体现在中国传统的经济增长方式上。中国经济增长走的是一条高资源投入、高能源消耗的粗放型经济增长方式，到现在为止，这种状况还没有得到明显的改善。这说明中国产业成长主要依靠非技术因素，技术进步尚未发挥其应有作用。基于前面介绍的中国自主创新的现状分析可以看出，中国目前的自主创新体系存在若干问题，认清这些问题，排除自主创新中的制约因素，对于中国的自主创新有着重要意义。

一、重技术引进，行业技术进步主要依靠模仿创新的方式

这一点可以从各国 R&D 强度指标的比较中看出。通常用 R&D 强度指标（R&D 经费/销售收入）来衡量产业的技术投入水平，该指标越高意味着企业的技术创新能力越强，技术水平越高②。由于缺乏国外制造业的相应资料，按照惯例，这里仅根据 OECD 的制造业 R&D 强度数据进行简单比较。表 4-5 为国内外部分制造行业 R&D 强度比较。

---

① 资料来源：国家统计局网站。
② 王伟光. 自主创新、产业发展与公共政策：基于政府作用的一种视角 [M]. 北京：经济管理出版社，2006：59.

第四章 中国自主创新的现状、问题和成因

表4-5 国内外部分制造行业 R&D 强度比较

单位:%

行业	中国①	OECD②
食品、饮料、烟酒	0.87	0.3
纺织织衣皮革	1.1	0.3
造纸及纸制品业	0.88	0.3
石油加工及炼焦业	0.32	1
化学原料及化学制品制造业	1.16	3.1
医药制造业	2.15	10.1
化学纤维制造业	1.21	3.1
橡胶及塑料制品	0.8	0.9
非金属矿物制品业	0.52	0.9
普通机械制造业	1.41	1.9
交通运输设备制造业	2.32	2.4
电气机械及器材制造业	1.6	3.9
电子及通信设备制造业	1.65	8
仪器仪表及文化办公用机械制造业	1.01	8.3

资料来源：《中国统计年鉴》《中国科技统计年鉴》，经笔者整理后得出最终数据。

从表4-5可以看出，虽然中国的化学原料及化学制品制造业、医药制造业、化学纤维制造业、电气机械及器材制造业、电子及通信设备制造业、仪器仪表及文化办公用品用机械制造业等技术密集型制造行业的R&D投入总量占到了全部制造业的60%，其R&D强度也远远高于其他制造业，但与国外相比，这些行业的R&D投入强度明显偏低，其相应强度仅相当于OECD国家相应产业的20%~40%。从而导致创新专利的发明在中国企业的创新活动确实不处于主导地位，企业一般会通过学习和

---

① 中国以2006年数据计算，销售收入使用主营业务收入数据。
② 这里为OECD国家1991~1997年R&D强度的均值（王伟光.自主创新、产业发展与公共政策：基于政府作用的一种视角[M].北京：经济管理出版社，2006：60)。

购买国外的先进技术和生产线,直接将创新投入转化为立即的新产品产出,这种方式对于自负盈亏的企业微观市场主体来说相对比较高效,但是自主性不强。

作为技术创新最活跃、科技成果应用广泛的高新技术行业,是一个国家尤其是发展中国家自主创新的行业领头羊。与其他制造行业相比,高技术产业的R&D投入强度要求更高。20世纪90年代中期,发达国家高新技术产业的R&D投入强度(R&D经费/工业增加值)一般为20%~30%,通常为制造业的3~7倍,而中国高新技术产业的R&D强度仅为制造业平均水平的1.56倍。高新技术产业的投入不足以及技术储备匮乏,导致了许多高技术领域的贸易竞争力低下。根据《中国科技统计年鉴》(2007)的资料,从高新技术产品的技术贸易领域来看,中国除了在计算机与通信技术、生命科学技术、光电技术三个领域以外,其他技术领域高技术产品的进出口贸易都是逆差,处于明显劣势。虽然中国对外贸易总额已经跃居世界前列,但是高技术产品仅占高技术产品、工业制成品、初级产品的进出口贸易总额的30%,而且大部分是加工贸易方式。

机械工业是反映一个国家的技术装备水平高低的行业。中国的装备制造业技术创新能力十分薄弱,缺乏大量具有自主知识产权的产品,装备技术水平较低,主要产品和关键技术过分依赖进口,虽然近几年来中国制造业加快了重组并购以及海外并购的步伐,但是装备制造业的技术创新能力还没有得到根本的改观。由于上述原因,使中国许多大型企业都很重视技术引进。

根据计算,中国70%以上的行业都十分重视先进技术知识和关键设备的引进,可见,技术引进、模仿创新是中国产业技术进步的主要模式。虽然技术引进使工业技术水平和劳动生产率明显提高,并通过技术引进、与国外合作生产、开展科技攻关等多种形式,在促进企业技术更新换代的同时,不仅提高了企业的管理水平,也增强了市场竞争力,为进一步进行科学技术创新和自主开发提供了技术、资金、人才方面的保证,使自主开

发能力有所增强,但是也存在着如下一些问题:

(1) 重复引进。包括区域性的重复引进和时间上的重复引进。由于财力的限制,在重复引进下,中国引进的技术水平较低,同时,区域各自为政,导致地方性重复引进多、集中性引进多。

(2) 中国技术引进中硬件的比例过高,技术和设备的进口主要是生产能力的进口,在中国技术与设备的进口合同中,设备硬件占85%,软件不足15%,大部分是为了实施专利技术的许可和转让、专有技术的许可和转让、技术咨询和服务、计算机软件、商标许可、合资合作生产而进口的成套设备、关键设备以及生产线等①。

(3) 重引进、轻消化吸收是中国技术引进中长期存在的问题,技术引进和消化吸收严重失调。研究和开发经费的低投入直接影响了对转移技术的消化吸收。2002年,大中型企业技术引进与消化吸收经费之比为1:0.1,远远低于1:10的国际水平。经费投入的严重不足大幅降低了技术引进的成效,加之各种体制问题的制约,中国产业技术不仅不能有力地辅助企业加工能力的改善和提高,而且也难以紧随外资企业先进技术的转移而进行追赶式的消化吸收和模仿创新。在这样技术更新迅速的行业里很容易形成引进再引进的恶性循环。

(4) 技术引进与研究开发脱节。根据统计,中国65%以上的科学家和工程师有60%的研究开发活动都不在企业进行,科技与经济脱节的体制顽症仍然没有得到根本解决②。技术引进高度集中于生产单位,为生产而引进,科研单位引进的技术很少。由于引进技术与研究开发相脱节,使技术引进的消化、吸收仅仅局限于生产领域内,没有充分发挥科研单位的潜在力量,从而严重影响对引进技术的消化、吸收和再创新。

---

① 资料来源:中国科技统计网站。
② 中国社会科学院工业经济研究所.2004中国工业发展报告 [M].北京:经济管理出版社,2004:69.

二、企业在自主创新中的主体地位不明显

对于自主创新的主体而言，与其他国家相比，中国的创新活动中企业所占的份额相对较少，在 2005 年之前都在 65% 以下，直至 2006 年才突破 65%。到 2007 年，企业创新也才达到 68.4%，也就是说，中国的创新支出活动还有超过 30% 的部分是由国家政府主体来执行的①，当然，这与中国的经济所有制形式以及企业的研发相对独立，但也在一定程度上体现了企业的创新活动参与度不够，或说科研机构的创新与企业的研发相对独立，相互配合欠缺。

三、自主创新所必需的投融资基础条件还比较薄弱

虽然自主创新中的投融资问题已经被人们所重视，但是与成熟市场经济条件下的投融资体系相比仍有相当的差距。当前，在自主创新的投融资活动中还存在一些比较严重的问题，阻碍着自主创新的发展。具体体现在以下四个方面：

（1）技术创新资金过于向大中型企业集中，小企业的技术创新投入明显不足。从投入角度来看，根据《中国科技统计年鉴》（2007）的资料，2006 年全国企业共筹集科技经费 4106.9 亿元，大中型工业企业获得 3300.8 亿元，占科技经费筹集总量的 80.4%。其中，在政府资金、金融机构贷款和企业自筹等科技经费的具体来源中，大中型企业占有的比重分别达到了 7.7%、70.4%、67.8%；从 R&D 经费支出情况来看，2006 年全国 R&D 经费支出 3003.1 亿元，其中，大中型工业企业完成 1630.2 亿元，占所有企业 R&D 经费支出的 71.1%。这表明，全社会企业领域内近 2/3

---

① 纪宝成，赵彦云. 中国走向创新型国家的要素：来自创新指数的依据 [M]. 北京：中国人民大学出版社，2007：167.

第四章 中国自主创新的现状、问题和成因

的技术创新资金为大中型企业所掌握,小企业能够获得的技术创新投入不到1/3。而发达国家和新兴工业国家的实践表明,小企业是技术创新的主力。虽然中国可能在某些领域集中精力进行技术突破,但这种资金过于集中的局面将对中国自主创新的长远发展不利。

(2)虽然中国每年形成专利的绝对数量不少,但是由于缺乏足够的资金投入,因而科技成果难以商品化和产业化,极大地阻碍自主创新的发展。同时,由于缺少科技成果产业化的平台,很多专利只能束之高阁,严重地影响了自主创新的积极性。

(3)尽管政府资金在全国科技经费筹集份额中所占比例出现了逐年递减的趋势,但是科研机构和高等院校科技经费筹集额却在上升,企业还并未成为完全意义上的自主创新中的投融资主体,政府特别是中央政府通过直接的经费资助和间接的政策效应,仍然对自主创新活动发挥着主导性的影响作用,某些R&D经费支出甚至是政府行为的结果。

(4)在直接融资方面,目前中国还没有形成多层次的资本市场体系,只有主板市场,而没有二板市场以及区域性、地方性的资本市场。同时,主板市场的服务主旨是推进国有大中型企业的体制改革,而高科技企业相对来说较难获准进行股票融资和债券融资,还不是资本市场重点扶持的对象。虽然风险投资发展迅速,但是实际投资规模和在企业技术创新投入中的比例还比较低。因此,对于企业来讲,自主创新的资金来源大部分依靠自我积累或民间行为,特别是处于发展阶段的中小企业,其自身的积累能力较差,因而对民间融资依赖性更大,这种状况导致了中国企业自主创新的融资渠道较为狭窄,严重地制约了自主创新的进程。

四、自主创新的宏观环境尚不尽如人意

技术创新环境是指为技术知识到产生、流动和应用所提供的平台和环境,主要包括技术创新体系(组织)、制度法制、环境以及市场规范化程

度等。技术创新是以市场为导向,结合技术特点和趋势而进行的一系列的总和,其成功与否要以产品的市场实现程度来衡量。中国受计划经济的惯性推动,相当一部分企业无论从内部还是外部都缺乏对技术创新的有效激励,创新主体难以确立。从外部机制来看,政企不分的情况未得到根本改善,地方政府没能很好地从计划体制下的直接介入式管理转化为市场经济条件下的宏观调控服务,企业没有充分的决策权,创新的自主性大受影响。从企业内部来看,制度创新缓慢,产权界定不清,法人治理存在严重缺陷,经营者重速度、轻效益,不愿着力向内挖掘潜力、改造和创新,技术参与分配的创新机制无法完成。目前,尽管中国整体上已经形成了科研机构、高等院校、企业技术中心、中介服务组织等地方创新体系,但是有些环节特别是中介服务组织的硬件设施和服务支撑体系还比较薄弱,经营水平良莠不齐,创新服务体系应具备的可行性论证、融资担保、专利代理、纠纷调解等功能还远得不到完善和发挥,难以为企业提供全方位的良好服务。另外,由于中国创新主体的专利保护意识薄弱,对知识产权问题重要性的认识不足,在一定程度上造成了企业在自主创新进程中防范技术风险的能力不强。

五、人力资源配置体制的僵化对自主创新极为不利

人力资源状况与质量决定了一个国家创新能力的提升。中国经过40年的改革开放,经济得到飞速发展。但是,中国仍然是一个发展中国家,人力资源在规模、结构、利用、流动及其质量等方面都需进一步合理化和大幅度提高。目前存在的问题有:人才机制缺乏动力与活力,限制过多,例如,受身份、地域、户籍限制,职称评定等缺乏竞争机制,人才流动不畅,导致人力资源损耗严重。人才资源的总量严重不足,教育结构不合理,专业针对性差,冗员过多,素质偏低,高、精、尖的复合型人才严重短缺,人才资源的布局不合理,等等,这些都明显与中国大力推行自主创

新、建设创新型国家对人才的需求严重不符。因此，在中国人力资源配置上必须寻求和建立一种高效的、动态的配置机制，以最大限度地发挥各类科技人才的工作积极性，充分利用国内国际的各种人力资源，使科技型人才都加入到自主创新的伟大进程中来，通过信息共享、知识溢出，使人才的积聚产生"1+1>2"的创新效应。

第三节　中国自主创新存在的主要问题及其主要原因

基于上述中国自主创新存在的问题，分析其原因如下：

（1）现有科技体制的限制。这是造成上述问题的深层次原因。中国的科技体制是建立在公有制度基础上的，科研院所实行单一的全民所有制，大多为事业单位，事业经费和研究费用全部由国家承担，基本是通过行政手段管理，政府成为R&D经费支出活动的主要支持者。这样，导致科研和经济脱节，众多的独立研究机构未能通生产企业紧密结合，而大量的企业技术开发能力又极为薄弱。同时，缺少一种公平的科技成果有偿转让机制，对技术创新的扩散产生消极的影响。在这种科技体制下，企业很难成为自主创新的主体，而科研院所创新主体的错位更加重了这种状况的发生。企业间、企业与科研机构和高等院校缺乏有效协作，各自为政，是制约科技创新能力的重要因素。国有大中型企业的自主开发与创新能力还很弱，小企业和民营企业更差。由于中国科研管理体制并没有从根本上得到改变，所以导致科研成果产权不明的弊端依然存在。而且，国家的优惠政策与当前大部分院所所处的发展阶段不相吻合，优惠政策的扶持力度无法体现出来，造成一部分转制科研院所科技创新能力逐渐丧失，行业研发能力减弱。另外，中国科技力量分散。许多研究工作在低水平上重复，致使人力和资金的严重分散和浪费，不利于中国自主创新的技术突破。同时，人事制度僵化，研究人员流动困难，抑制了科技人员的积极性和创造性，不利于自主创新的发展。

(2) 技术引进政策缺乏规范。迄今为止，中国技术引进的管理方式仍然是以企业申报、主管部门审批为主的管理方式。政府主管部门的主要精力放在对具体项目的研究和审批上，而对总体引进战略、促进引进技术消化、吸收的政策研究很少，导致政府对技术引进的管理主要限于微观层面。由于政府部门不能及时向企业提供有关国家亟须引进技术的信息，导致低水平盲目引进、重复引进的现象难以避免。此外，中国技术引进管理的权限分散，客观上加剧了技术引进的重复性。

(3) 缺少产业共性技术组织平台作为自主创新的支撑。以往，支撑中国产业共性技术发展的组织主体的是各行业或部门的大型科研院所。但是，随着市场经济体制度变迁，产业技术进步的组织基础没有及时变革，不能适应作为市场竞争主体企业的要求，从而产生支撑产业技术进步的基础缺位的现象。要想在大型科研院所的基础上，重新建立产业共性技术组织平台，不仅需要大量的投资，而且还需要庞大的日常维护费用，从企业的角度来说，对这种外部性很强的投入的兴趣是很低的。虽然在政府的组织和指导下建立了各种类型的工程技术中心，但是其组织制度决定了它们作用有限。因为它们大部分依赖于大型企业和科研院所，它们的研究偏好和市场需求之间存在着严重的偏离。

(4) 缺乏一批具有创新精神的企业家。企业的自主创新不仅是企业研发部门的一个部门工作，企业的技术战略也是企业整个战略的重要组成部分。作为企业的决策者，企业家的创新意识直接决定了企业的技术创新的前途。企业家是技术创新的主要推动力，具备创新精神的企业家能够敏锐地发现市场中潜在的技术机会，并制定战略规划将其转化为现实的生产力，从而增强企业核心竞争力，使企业进入良性发展周期。改革开放以来，中国企业家的队伍不断发展壮大，有力地促进了中国改革与经济社会发展。但是，由于总体报酬水平偏低、报酬激励方式单一、激励标准失衡，激励的长期性不足等原因，大部分企业经营者还不具备创新精神，缺少具备战略思想和敏锐的市场和技术洞察力的企业家。

(5) 缺乏支持企业自主创新的创新手段。目前，中国政府支持企业自主创新主要有两种手段：一是财政直接拨款，即在国家财政预算内安排的科研经费支出，无偿直接划拨给企业；二是税收优惠，即通过减免税收或退税等方式产生部分企业留存金，以激励技术创新。但是，税收政策优惠对象窄，优惠方式单一，涉及面不广，受惠对象主要是高新技术企业或外资企业。例如，在企业所得税的征收上，只有符合国务院批准的高科技产业开发区的高科技企业，才能按15%的税率征税。而且中国税收优惠主要是税率优惠和定期减免，没有其他优惠方式，严重地影响了企业自主创新积极性的发挥。另外，政策工具除了财政拨款、税收优惠两种基本手段之外，其他创业投资、创新联盟等方面的政策很少。可见，为了最大程度地激励自主创新，中国政府支持自主创新的手段和方式亟须创新。

第五章 日美韩技术创新模式比较与借鉴

相对说来，近年来自主创新是比较中国化的一个概念。自主创新不仅是为了在市场上取得领先者的地位，更重要的是为了培育和形成持续的竞争优势。实际上世界各国都十分重视自主创新，发达国家只不过比中国先行一步。国外的自主创新活动既体现在对先进技术的追赶过程中，也体现在其原始性的技术创新过程中。其技术创新的策略和方式对中国的自主创新来说具有很强的借鉴意义。本章主要通过日美韩三国的技术创新模式来分析其技术追赶过程。

第一节 日本的技术创新模式

日本国土狭小，资源匮乏，"二战"结束初期，其经济发展水平远远落后于世界先进国家水平 20~30 年。日本科技的成功，在很大程度上归功于日本政府制定的科技发展战略，即吸收性发展战略，其实质是先引进一切国外先进技术，并通过超高强度的学习在较短的时间内提升本国技术发展水平。这种发展战略的成功使日本在短短的 30 年实现了技术强国的梦想，用技术优势改变了自第二次世界大战以来战败国的颓势，一跃成为亚洲乃至世界科技强国。到 20 世纪 60 年代末期，日本的产业技术水平已经大体上赶上了欧美国家。总体来看,日本是典型的实行技术追赶型的国家,但它并不是对技术的一味模仿和引进,而是对引进的技术进行消化吸收和不断创新,是对引进技术的完善和补充,所以严格来说,日本的自主创新模式是渐进式的。

一、日本的自主创新历程

任何国家的技术进步都离不开本国的经济发展水平、资源状况与技术发展背景,在分析日本自主创新模式的成功之处之前,有必要简要地分析一下其当时所处的国内国际环境。

在战后初期,日本的物质和外汇储备明显不足,直到20世纪50年代中期才恢复战前的生产水平。这一期间,一方面,日本政府依赖对物质、外汇等进行直接的数量上的控制,将资源的分配向重点产业倾斜,并向民间大企业倾斜,引进和开发了大量的生产技术、流水线生产技术,努力填补战前、战中、战后初期所形成的与欧美先进技术之间的差距,不仅促进了电力、钢铁、造船、石油化工、汽车、家用电器等一大批现代化企业的建立,还引进了战后才出现的新兴产业——核能发电技术,从而为推进重化学工业化奠定了产业技术基础。另一方面,日本的科技体制经历了从最初设立到逐步完善的过程。1956年日本设立了科学技术厅,三年以后又设立了科学技术会议,该机构是全国最高科技决策机关,由总理大臣牵头,体现对科技体制建设的高度重视。同年又建立了与科学技术厅平行的工业技术厅,以促进科技成果的转化①。

从20世纪60年代开始,日本重化工业迅猛发展,从此进入经济高速增长的关键时期。在此背景下,日本政府制定了《国民收入倍增计划》,预定在为期十年的计划期间使国民生产总值与人均国民收入翻一番。在

---

① 冯昭奎. 技术立国之路 [M]. 西安:陕西人民教育出版社,1997:139-141.

内生增长视角下中国自主创新研究

60年代，物质与资本的不足已不再是日本国内所面临的主要矛盾，为了迅速追赶发达国家，打破国际收支对经济增长的制约，大力加强产业的竞争力，向国际市场进军成为政府所推行的要务。1963年，日本政府对产业结构做出了长期规划，确定了产业结构合理化的两个基准：其一，行业产品的需求弹性值，根据国民收入增加或减少时引起对某种产品需求的增减率来调节对产业的发展技术。在这一思想的指导下，产业的需求状况决定了产业本身的发展，市场因素是决定产业发展的关键，在这一阶段，钢铁、石油化工和机械制造业成为市场的热点和重心，因而这些行业自然在市场机制的作用下成为经济发展的主导产业。其二，劳动生产率的标准，这是供给方面的基准。要重点发展能够通过采用新技术和发挥规模效应而不断提高劳动生产率的产业。有了这样的评判标准，日本政府根据经济发展的实际情况，适时地推出了激励技术创新的各项优惠政策，这对企业提供研发资助，无论是国有企业还是私营企业都能得到政府的资助，使这一时期内日本的经济和科技同时得到了长足的发展。

随着经济的高速增长，日本技术发展也出现了新的问题，例如，环境污染、能源耗费大等。形势的变化使日本政府不得不重新制定新的科技发展规划。产业结构的优化和升级成为当时日本政府最紧迫的问题。在高耗能、高投入的产业发展已经接近极限的情况下，1971年，日本政府做出了向知识密集型产业转型的决定。知识密集型产业的发展不同于以往的产业，需要更广泛的技术基础。在这种情况下，日本实施了"阳光计划""月光计划"等一系列大型研发计划，这些计划的意图在于加强公共性技术的开发。正是由于日本的产业政策向技术密集型产业转型，使日本能在短期内克服了20世纪70年代的两次石油危机所带来的危害。

二、日本自主创新模式成功之处

20世纪50~90年代是日本科学技术飞速发展的时期，也是这40年日

本经济追上了美国,这是日本自主创新的成功之处。这期间,日本技术创新的科技政策主要有以下四点:

1. 科研经费的持续投入,对科技的重视付诸行动

日本一直把技术视为经济发展的原动力。无论是日本所倡导的"技术革新",还是通产省所倡导的"技术立国",一致采取了发展独创性技术的方针,决心成为世界技术强国,通过技术来振兴"二战"后的日本颓势。从日本政府对科技实际投入的增长趋势来看,"技术立国"贯穿于整个日本自主创新的过程之中。具体体现在:其一,R&D 经费投入快速增加。例如,1970 年、1980 年、1990 年的科研经费分别是 1960 年的 6.5 倍、25.4 倍、65.6 倍。其二,R&D 经费投入占 GDP 的比例逐年升高,其比例由 1960 年的 1.11%增加到 1970 年的 1.59%,到 1980 年的 1.91%,到 1990 年的 2.78%,一直到 1993 年为 2.66%。其三,R&D 人员的数量和质量不断提高。1960 年为 8.2 万人,1970 年为 17.2 万人,1980 年为 30.3 万人,1990 年为 48.4 万人,1994 年为 55.8 万人。其四,强势政府领头,产、学、政府协作创新。例如,1976 年超大规模集成电路(Very Large Scale Integration Circuit,VLSI)的联合开发,就是由日本通产省发起,以富士通、日立、三菱、日电和东芝 5 家生产计算机和集中生产集成电路的大公司为核心,并加盟电子综合研究所、计算机综合研究所等来完成的。其研究成果比美国提前一年多的时间,并取得多项技术专利,技术水平领先世界多年,一度成为日本经济发展的支柱产业①。

2. 强调对引进技术的改造开发和创新

日本技术立国的思想使日本的技术引进风格别具一格。日本技术引进的宗旨在于引进要为技术扩散和技术创新服务。在本国财力和经济发展有限的情况下,引进的技术既要有利于建立全局性的工业技术基础体系,又要有利于公共技术平台的建立。这样做的目的也在于日本强调技术上的自

---

① 冯昭奎. 技术立国之路 [M]. 西安:陕西人民教育出版社,1997:134.

立，从而要求引进的技术必须是扩散效应强的，它能通过技术人员的流动或是其他方式被其他部门或产业所吸收。还有就是引进之后的消化和吸收。日本是引进、消化、吸收技术的楷模。日本甚至排斥不能推广和消化的技术，即便该项技术能带来可观的经济效益或该技术能带来某项尖端技术的突破。消化、吸收的最终目的在于创新，这一点在日本政府中占主导地位，为此，其不惜在引进的技术上耗费巨资。实际结果表明，这种投入的回报率是很高的，远远高于技术输出国的利润。日本把引进技术和技术创新相结合，确立了自己的技术体系，从而技术引进及其改良与创新成为日本经济高速增长时期科技发展的主要模式。

3. 技术创新的商品化、产业化能力强

技术创新的内涵相当广泛，它不应仅仅停留在新技术的推出上，更应体现在新产品或新技术取得商业化利润的过程中。真正的技术创新应是技术与市场的双重成功。因此，技术成果的转化以及新技术新产品所带来的管理创新也是技术创新中的重要环节。日本技术创新的明智之处在于能够不辞劳苦。持之以恒地将新技术推向实用化和商品化。日本的制造企业十分重视生产现场，研究人员也乐于从事生产技术的研究。结果，许多欧美国家发明或首先试制成产品的革新技术，却在日本首先得到了实用化和商品化。日本技术创新商品化产业化能力强还表现在其融合能力强。日本将不同的技术进行综合、改造，并用这些技术建立起强大的产业基础。

4. 技术创新兼顾产品创新和工艺创新，重视发展制造技术

产业技术的发展动力既与市场有关，也与生产流程有关。日本企业研究开发的重点包括两个方面：一是市场需求；二是对生产现场需求。对应于市场需求以产品创新为重点，对应于生产现场需求以工艺创新为重点。产品创新和工艺创新相互促进，产品创新是工艺创新的基础，没有产品创新也就没有必要进行工艺创新。工艺创新反过来又促进产品创新，为下一次产品创新奠定基础。在这个理念下，日本企业将产品创新与工艺创新进行完美结合，使产品创新有了扎实的制造基础，其技术创新得到了完美的

诠释。日本人重视生产现场，擅长制造技术，这与它们重视生产技术是分不开的。无论是最终产品还是中间部件，它们的硬件产品质量都是世界一流的，有些甚至是独一无二的供应商。其硬件优势还表现在擅长利用不同技术的复合融合来制造开发新产品、新工艺，在机械、电子等领域都达到了很高的技术水准。

三、日本自主创新的不足之处

日本在自主创新的过程中取得了很大的成功，但同时也有不足之处，主要体现在以下三点：

1. 对基础科学知识的研究不够重视

在每年的科学技术研究开发经费中，日本投向基础科学研究领域的资金比例是几个工业发达国家中最小的：1984年为13.6%，1994年为14.3%，十年来增加了不足1个百分点。美国的基础研究经费1995年为17.3%，德国和法国的基础研究都占到了21%的比例。就科技论文在国际上的影响力来说，日本的科学论文指数在1998年只有81，不仅远低于以色列的376、西欧的295、美国的144，而且比世界平均指数低19个百分点[①]。日本在原创性或虽在突破性技术方面的开发较弱，但在改良型、连续性的技术开发方面能力较强，这使日本虽然在专利申请绝对数量上超过美国以及其他世界各国，但这些专利绝大部分是关于技术的，是针对目前技术的一些相对很小程度上的改进，作为跟进者，日本公司往往在成为市场领导之后，在突破性技术创新领域几乎毫无建树。

2. 人才的平均素质较强，但开拓创新精神较差

"二战"后的日本十分重视教育，提出教育要面向本国需要、面向生产实际，使受教育的青年人的进取心能够普遍扎根于本国。很多毕业于理

---

① 上海科学技术情报研究所.日本科学技术白皮书（1995）[EB/OL]. http://www.istis.sh.cn/list/list.asp?id=9772，1995-11-8.

工科大学的大学士、研究生乐于深入工厂车间，与工人一起流汗苦干，钻研生产技术。日本的教育为从事实用技术，为生产一线输送了大量人才。但在培养富有创新精神、开拓精神，能够独立进行创新研究的高层次人才方面显得不足。

3. 风险企业不发达，企业创新受到传统体制的束缚

风险企业的发展成为影响一国高科技竞争实力的重要因素。在美国，风险企业的发展势头十分强劲，特别是在信息通信领域，风险企业尤其活跃，有力地促进了产业结构的升级优化。与之相对照，日本风险企业的发展势头要弱得多，特别是在信息等高科技领域，风险企业比较少。日本银行长期受到政府保护，导致金融机构的信用判断能力和金融商品开发能力大大落后于国际水平，加上坏账问题引起的信用收缩，使巨额个人金融资产得不到有效利用，资金很难流入技术创新。

四、日本自主创新模式对中国自主创新的借鉴意义

日本对欧美国家的追赶过程实质上就是日本实现工业化的过程。日本能在短短的40年时间追赶上发达国家，在很大程度上归功于其技术创新模式的成功。日本作为技术追赶者，将研究开发活动的重点放在应用研究和产品与工艺的开发上。通过直接进口先进的生产设备、购买技术许可证或专利、购并国外高技术公司和OEM等方式，引进有市场前景的技术作为主要的技术来源，加以开发改进，进行持续、渐进的技术创新。但是由于在自主创新中的不足，日本在20世纪90年代在由工业化向信息化转化的过程中，其擅长的模仿、引进和追赶难以发挥作用，而自身创新、开拓能力又不够。可见，战后日本是在确定目标下进行科技创新的。但是，当追赶的目标得以实现时，日本已成为世界科技先进国家，这时科学技术要再进一步向前发展，就必须开展风险大、难度大、周期长的基础性研究，这就需要有一个高效、完备的国家创新体系。另外，日本技术创新的借鉴

之处还在于它对高技术产业的全方位支持。日本政府通过一系列制度安排保证经济资源能够向高技术产业和企业流动。日本政府对特定企业特定产业提供各种优惠支持来保证它们能够获得足够的经济资源成长发展。但是，这些优惠政策不是无条件给予的，而是必须在满足一定绩效以后才能获得，从而避免了政府直接配置资源导致资源利用效率低下的问题。

第二节 美国的技术创新模式

美国是市场经济最为发达的国家，美国在1870～1913年成功追上了英国，成为世界的技术领先者；美国走的是技术领先者的发展模式，即依靠自己在基础研究中的优势，沿着研究—开发—应用的模式前进，不断发明创造出新的产品和工艺方法，从而控制了技术的发展方向，占据了技术发展的制高点。

一、美国自主创新模式成功之处

美国作为技术领先者，其技术创新模式的成功之处在于以下五个方面：

1. 合理的研究开发投入和结构

美国的R&D投入是全世界最高的，而且研发经费的大部分投入到具有公共物品性质的基础研究和应用基础研究上。其基础研究工作主要是由大学和国家实验室承担。对基础研究的大量投入使美国在原创的、突破性的技术创新上具有优势，使其牢固地把握世界高新技术产业发展的技术源头。这样，美国在"二战"以后拥有了相对完整的基础科学体系的技术进步成果，基础学科上的技术进步又被迅速地传递到应用学科链，使美国在许多专业技术领域和应用技术领域都获得了重大技术突破，成为20世纪乃至 21 世纪的世界科技霸主。

2. 自由的企业制度和竞争的市场结构

美国实行自由企业制度,自由竞争是其基本准则。竞争意味着排斥垄断,垄断尤其是完全垄断有可能不利于创新。在美国历史上,起诉大型公司违反反垄断法的案例比比皆是。自 1890 年以来,美国政府颁布了一系列反垄断法和小企业法规,为小企业的生存和发展提供了法律上的依据,并做了大量务实的工作,使小企业在发明创造和技术创新方面相当积极,而它们往往是技术创新的源头。据统计,自 20 世纪初至 70 年代,美国科技发明的一半以上都是由小企业完成的;80 年代以后,大约 70% 的创新来自小企业,企业间激烈的竞争迫使企业不断进行新产品的开发与试制,以保持自己的领先地位①。

3. 企业是创新活动的主体

在美国,企业是创新活动的主体体现在企业是创新投资、决策主体。这表现在:其一,从美国整个国家的 R&D 经费来源上来看,一方面,联邦政府 R&D 投资所占比例逐年下降,企业所占比例则不断上升,以 1980 年为分水岭,企业的 R&D 投资在美国历史上首次超过联邦政府成为 R&D 的最大投资者。另一方面,单就美国企业 R&D 经费自身而言,美国企业 R&D 经费逐年上升,其来源主要靠企业自筹和联邦政府的资助。在 20 世纪 60 年代,企业自筹份额不断上升,政府资助份额相对下降,进入 80 年代的前几年,这种趋势发生逆转,这与当时政府大幅度提高军事研究投资有关,但从 1987 年开始,又恢复到六七十年代的变化趋势,即企业自筹份额不断上升。其二,企业是研究与开发的主体。这主要表现在两个方面:①美国的 R&D 工作大部分由企业承担,据有关资料显示,自 80 年代以来,分配至企业部门的 R&D 经费占全国总额的 70% 以上;②从美国 R&D 科学家与工程师的部门分布情况来看,1988 年美国 94.92 万名 R&D

---

① 林绝. 美国市场经济 [M]. 兰州:兰州大学出版社,1994:47.

科学家与工程师中，75.4%受雇于私人企业，14.3%就职于教育部门，7%服务于联邦政府。与1970年相比，在企业就职的R&D科学家和工程师所占份额增加了6.3个百分点，这反映了企业已成为美国科学家与工程师的最大用人部门，也成为技术创新的主导力量。同期相比，在R&D经费支出相对值（R&D/GDP）方面，美国（三年平均值2.60%）是中国（三年平均值为0.65%）的4倍，在R&D经费支出绝对值方面，美国三年总投入是中国三年总投入的50倍①。

4. 发达的风险投资

美国高技术企业的发展是和风险投资紧密联系起来的，风险投资是技术创新的重要基石。这是因为技术创新者要承担的技术开发失败的风险很高，传统的投融资方式因追求稳定收益而不利于高新技术的发展，而风险投资并不是简单地承载提供资金的职能，它还能在创新项目孵化、创新成果转化、市场开拓、企业管理方面发挥重要作用。更为重要的是，从宏观角度来看，风险投资在技术创新、高技术产业发展和传统产业发展升级改造以及经济增长等方面具有积极作用。因此，风险投资通过资本市场上市场机制的调节使技术得到了市场的检验，使技术创新能按正确的方向前进。

5. 政府起着举足轻重的作用

在美国，政府的作用主要体现在组织和资助基础性研究以及对研究开发基础设施的投资。美国技术创新的过程有力地体现了美国政府的科技发展策略，即国家的强大必须依靠科技力量的强大。为此，政府必须制定正确的科学技术政策使整个国家的科技潜力得到发挥。而科学技术发展到今天，技术进步已不像过去那样能在手工作坊内依靠简单的个体协作就能取得，现代科学体系的复杂和相关性决定了技术进步必须依靠庞大的科研团体和巨额的科研投资才能取得成功。因此，技术越发达，科研体系就越庞大，创新体系也就越来越呈现出国家化的态势，例如，美国的国家实验室

---

① 郭凤典，张梅珍. 美国大企业创新的启示 [J]. 科技进步与对策，2001 (9)：24-26.

就是一个全国性的科研网络，而其主要经费来自财政资助。美国政府在技术创新中的重要作用还体现在其科技体系的特色上。具体来说，美国的科技体系包括五大部分：立法部门、行政部门、高等院校、全国科学院及一些著名的科学家和个人。美国政府控制R&D经费的方式更具特色，其主要手段是政府以"研究合同、研究资助和合作研究"等不同形式向科研机构以拨款资助其从事R&D工作。这种方式体现了美国政府控制R&D经费方式的灵活性，既提高了技术创新的效率，又激发了科研机构技术创新的动力。同时，可以说美国是世界上技术创新法律最完善的国家，科技法规对科学技术的发展有着举足轻重的影响，政府推出科技法规使创新精神在法律上得到体现。

二、美国自主创新的不足之处

尽管美国在技术创新方面在世界上最为成功，一流的科技水平、出色的创新理念使其在技术市场一直独领风骚，也为其经济增长打下了雄厚的基础，但是技术创新战略并不是完美的，也存在着某些方面的缺陷。最大的问题在于其自主创新要素中人力资本的培养问题。就当今美国教育而言，尽管拥有世界上为数最多的一流大学并培养出了数以百计的诺贝尔奖获得者，在众多的高科技研究与应用领域均已走在了世界前列，但这并不能完全掩盖美国教育中存在的一系列欠缺，诸如教育质量参差不齐、受教育权分配不公等。根据1983年的一项报告：在美国17岁的青年中，有13%是功能性文盲；130万的成年人和少数民族青年人中的4%是功能性文盲。美国教育测验中心在对20个国家学生的抽样调查中发现，几乎在所有项目中美国学生的成绩都落后，科学程度倒数第三；数学成绩倒数第二，仅排在约旦前面。① 大学毕业和高中毕业的美国人之间的收入差距逐

---

① 朱旭东．迎接新世纪挑战的美国文化与教育现代化［J］．外国教育研究，2002（8）：37-39．

第五章 日美韩技术创新模式比较与借鉴

渐拉大,因为前者拥有参与国际竞争的技能,而后者却大多数不具备这一优势。美国的公共教育系统把其教育资源集中应用在有可能考上大学的学生身上,说明它无意中已违背了民主原则,变成了精英教育论的信奉者。可见,美国的教育系统缺乏科学性①。收入力量上的不平衡,以及更为根本的技能和受教育质量上的不平衡,作为一个社会问题,不仅威胁着美国在经济上的竞争能力,而且也对美国技术创新产生不利影响,这将是美国必须解决的一个严重问题。

三、美日技术创新模式的比较

美国和日本作为发达国家技术领先者和技术追赶者的典型代表,它们反映了两种截然不同的自主创新模式。美国是20世纪90年代世界经济混战中的胜利者,究其原因,从国家创新系统的角度出发,有以下几点:一是制定正确的科技战略和政策。美国科技研发的战略目标很明确,就是要夺取高新技术的制高点,保持高新技术产业的优势,提高经济竞争力;美国90年代的经济强劲增长,并非一日之功,而是从传统基础研究转向信息科技和生物科技的研发资金投入调整时就打下了基础。二是有风险资本的广泛介入,形成科技与金融结合的新格局。如前所述,美国走的是直线式的技术创新模式,因为其有着强大的基础科学研究优势,日本在一般情况下不是某项产品或工艺的首创者,主要是通过知识的扩散等方式来获取技术领先者的知识,面临的首要问题是如何应用这些知识、改进和发展这些知识,而且还要尽最大努力获取生产能力和市场优势的问题。所以,日本需要一个能够充分动员资源的机制来调动各种创新资源,以便在产品性能上超越领先者,从而达到在成熟市场上战胜技术领先者的目的,因此,日本在产品和工艺创新机制上表现得尤为突出。而对于美国而言,作为一

---

① [美]达尔·尼夫. 知识经济[M]. 樊春良译. 珠海:珠海出版社,1998:322-333.

个技术领先者，所要考虑的是为了保持自己的领先优势，对抗技术跨越者的竞争威胁，它必须不断地通过技术创新活动，发明新的产品和技术来摆脱技术追赶者，而且这种创新必须是根本性的，因为只有这样，技术发展轨迹才能完全不同于以往的技术路线，从而使追赶者在旧的技术路线上所做的知识积累过时，减少被技术追赶者超越的风险。但在这个过程中，进行技术创新往往要面临巨大的不确定性，在风险与收益共存的情况下，引入灵活市场选择机制是对技术创新优胜劣汰的最好工具。

总之，美日两种创新模式都是各自所处的环境和条件下技术创新的必然结果，因此，在其各自的制度安排下获得了成功。但是，这些模式不是一成不变的，它必须及时地根据环境和自主创新阶段的推进而做出动态的调整才能获得长期的成功。在美国取得信息技术突破之前，日本的传统技术领域已经全面接近美国。同样是发达国家，美国逐渐失去了技术领先的优势，经济实力和综合国力都有所下降，这时美国开始认真研究日本的经验，反过来学习日本的某些做法，加强了应用技术的开发和研究，结果美国在信息技术方面发生了重大突破，并借助于信息产业的发展使美国经济摆脱了20世纪80年代的颓势，又重振雄风。而日本没有改变其模式中的缺陷，虽然一直没有放松对科技的重视并于近年来不断加大对基础研究设施的投入，但是当其技术接近世界先进水平，甚至已经成为技术领先者时，没有及时调整技术创新模式，仍按技术追赶者模式行事，失去了技术追赶的目标，使经济增长难有起色，以至于到目前为止，日本经济仍然处于调整甚至衰退之中。

第三节 韩国的自主创新模式

韩国作为一个新兴的经济体，在短短的30年内，从一个自给自足的

第五章　日美韩技术创新模式比较与借鉴

农业国家发展成为一个新兴的经济体,并于 1996 年加入了世界经济合作与发展组织(Organization for Economic Co-operation and Dovelopment,OECD),其 50%以上的长期经济增长源于技术变革,技术创新已成为国家经济发展的主要决定因素之一。作为后发国家自主创新的典型代表,对韩国的技术创新模式进行分析和研究具有重要的意义。

一、韩国的自主创新历程

经过长期的战乱,韩国的现代科学技术几乎是片空白。韩国在 20 世纪 60 年代以前的科学技术是以农业、手工业为主,是一个典型的自给自足的农业国家。在这种情况下,政府开始意识科学技术对于经济发展的重要性,制定了《科学技术开发长期综合计划》,并于 1960 年出台了《技术引进促进法》,于 1967 年制定了《科学技术振兴法》。

对于技术创新模式的选择,韩国经历了两个发展阶段:第一阶段是从 20 世纪 60 年代中期到 80 年代以前,是对国外先进技术产品进行复制模仿和不断地获取分解研究的技术能力的阶段。复制模仿不需要在研究和开发与信息渠道上投资,由于企业不能也不需要发展新知识,所以只需要低等的学习水平。在模仿的过程中,模仿者依靠自己的努力,尽可能了解蕴含在产品中的技术要素和它们结合的特性。在这一时期,韩国有选择地引进产品和技术,使引进的技术能够在自己分解的基础上充分消化和吸收,从而获取分解研究的技术能力。虽然复制性的模仿对产品的功能改进有很大的影响,但是由于廉价的劳动力,这些模仿出来的产品的成本要比被模仿者的成本低得多,所以在价格上处于十分有利的地位。在这一阶段,韩国通过对这些成熟技术的模仿获得的仿制品在贴上自己的商标后取得了一定的市场地位。第二阶段是从 80 年代到现在。对国外先进技术产品进行创造性模仿和创新,这一阶段,韩国开始从以引进技术为主转向了以发展科研实力为主的发展思路。这主要表现在以下三个方面：第一，以研究与开发经费占国民生产总值的比例来看，从1976年的不足0.5%猛增到1990年的2.6%，已经逼近美国和日本等发达国家的科技投入。第二，企业的科技投入大大超过政府的科技投入。1988年韩国对科技投入了32.4亿美元，其中，私人企业承担了74%，而政府只占其中的26%。第三，科技人员人数大为增加。1988年，韩国从事科技研究与开发的科学家和工程师人数约为5.7万人，与人口总数之比为13.5∶10000。韩国的汽车业是韩国众多产业中自主创新的代表产业。由于汽车工业对于经济发展的重要性，韩国把发展汽车工业置于重要地位。韩国汽车工业诞生于1962年，当时韩国政府颁布了《汽车工业扶持法》，促使第一家现代化汽车组装厂建立，此后又有几家组装厂建立。由于韩国汽车制造的技术能力几乎为零，所有的韩国汽车企业都是从组装外国车型开始的，而且也采取过向外国企业出让股份的办法来获得外国技术。韩国政府对于汽车工业的发展起到了非常重要的作用。继1962年的法案之后，政府又于1966年制订了国产化计划，通过实施外汇优惠分配与国产化程度挂钩，促使国产化率从当年的21%上升到1981年的92%。最为关键的是，1973年韩国政府制定了《汽车工业长期发展计划》，要求"现代""起亚"和"大宇"三家韩国企业必须开发自主设计的"韩国汽车"。为了获得技术，现代于1981年通过向三菱让出10%股份，获得在发动机、驱动桥、底盘和排放物控制的技术许可证，但保留了全部管理权和从三菱公司的竞争对手中进口零部件以及在三菱的市场范围内与之竞争的权利。1980年，韩国在世界汽车制造的排行榜上还没有名次（当年韩国汽车产量仅是世界排名第十的巴西的1/10）；但到了1993年，韩国已名列世界第六位①。在又过了20多年之后的今天，韩国已经被中国汽车企业当作"先进国家"而成为引进技术的对象国。正是高强度的技术学习使韩国汽车工业迅速崛起，而自主创新是韩国汽车工业走上健康发展之路

---

① ［韩］金麟洙. 从模仿到创新——韩国技术学习的动力［M］. 北京：新华出版社，1998：34-35.

的起点和前提。技术学习的自主性决定着技术学习的强度,最终决定了企业的命运。

二、韩国自主创新模式的成功之处

韩国作为一个新兴的工业化国家,其自主创新模式有许多成功之处:

1. 在企业已成为技术创新的主要对象的背景下,官、学、企相互协作,建立了一个较为成功的技术创新体系

在韩国,由于韩国大学的研究工作不足,政府建立了研究与开发研究所网(政府研究所),在高级产业的研究和开发中发挥主要作用。但是这些研究所的研究人员缺少与开发原型有关的技术经验,这时韩国政府采取了一系列的措施,使只想致力于扩大生产能力而获取短期利润的私营企业与研究所联合,追加 R&D 投入并不断增强创造发明能力。这样,政府、科研单位、企业通力合作,以最高的效率促进技术创新。

2. 韩国政府在自主创新过程中角色的适当转换以及政府的强力引导

在韩国工业化初期,政府促使韩国技术研究所向私营部门提供技术帮助,使它们能够在技术引进中加强与技术转让方讨价还价的能力并尽快帮助它们吸收和适应引进的技术。这一时期,政府的技术研究所并没有转让给企业很多专利和重大的科研发明,而是极力地为企业培养有经验的科研人员,使他们在企业的产业研究与开发中发挥举足轻重的作用,尽量帮助企业花费更少的代价获得国外转让的技术并卓有成效地吸收和改进这些技术。当企业获得了自己的研究开发能力,企业的规模得以壮大后,政府的作用马上加以调整,其主要精力集中在公共领域,通过扩大服务,使中小企业获得技术能力方面的支持。韩国政府在韩国产业技术发展的每个阶段,都能把握世界经济发展的背景和趋势,制定正确的法规政策。强势政府对韩国的技术崛起起到了至关重要的作用。韩国政府在推进产业技术创新中的作用主要表现在以下方面:一是通过立法为企业从事技术创新活动

提供法律保障。从20世纪60年代起,韩国先后颁布了《科学技术振兴法》(1967年)、《工业技术开发促进法》(1972年)、《特定研究机构扶持法》(1973年)、《技术评估法》(1973年)和《科学技术基本法》(2001年)等一系列法律,并以此为准绳出台相应政策,以促进企业的技术创新活动。二是对技术引进进行严格控制和考核。韩国政府只允许引进关键技术,不仅对每一项引进技术提出相应的消化吸收目标,还利用技术引进的审批和评价系统对重大引进项目进行跟踪考核,以期发现问题并及时解决。三是实行财政和税收优惠政策。韩国政府的研发资源投入长期保持快速增长,2006年政府的R&D预算比2005年增长14.2%,2007年的R&D预算达到8.9万亿韩元。在税收政策上。推行了包括鼓励技术开发、技术成果转化和国外高技术企业发展的多项税收优惠政策①。

3. 大企业是自主创新的主体

在韩国产业技术创新中最引人注目的是其造就了一批具有自主创新能力和国际竞争力的大企业。韩国在技术创新初期,各项经济资源相当薄弱,如果不发挥技术创新的规模效应,技术创新将很难取得成功。针对这种情况,韩国政府为了追求技术创新的效率和速度,大力扶持企业兼并重组,从而逐渐形成大型企业,并通过各种直接和间接手段监督和控制大企业进行技术创新,促使大企业成为技术引进和自主创新的主体。这种独特的技术创新模式有利于韩国在当时特殊的历史条件下快速地取得技术创新的成功。

三、韩国自主创新模式的不足之处

韩国在技术创新过程中受所处的历史条件及国际环境的影响,其自主创新也存在不足之处,主要体现在以下两点:

---

① 资料来源:http://www.cce365.com.cn.

1. 中小企业发展不够

虽然韩国的大企业在技术创新和经济发展中的地位相当重要,韩国大企业也不断研制出具有世界先进水平的新产品,这些大企业在加快本国产业的技术学习中也起到了主要作用,但即便有韩国政府对大财团大企业的大力扶持,技术创新效果并没有达到最佳,同时还产生了一个不利的后果,就是韩国政府对财团实行的不均衡扶持造成了创新资源的分配不当,因而在一定程度上妨碍了中小企业的健康发展。而各国技术创新的经验表明,中小企业往往是技术创新中的萌发者,中小企业在技术创新过程中具有不可或缺的作用。现实状况表明,韩国的中小企业研发能力明显弱于大企业,成为制约整个国家技术创新发展的极大瓶颈。虽然这有着更深层次的历史原因,但是随着经济和技术的进一步发展,韩国政府的作用强度和方式必须进行调整。

2. 后期对教育的投资不足使韩国的技术学习形成了一个主要的"瓶颈"

虽然在技术追赶初期,韩国均衡地扩展了各个层次的教育机构,丰富了自主创新中的人力资本,关键之处在于,这些人力资本有着初步的隐含知识,能够理解蕴含在外国技术中的显性知识,并吸收了在技术传播初期传播给他们的隐性知识,因而在技术追赶初期效果非常明显,但是在技术追赶后期,由于大学的教育和研究质量严重下降,其人力资本已不能很好地满足韩国企业越来越复杂的技术研发任务,主要原因是韩国除了少数大学以外,大部分大学都是教学型高校,而不是科研型的大学教育机构[①]。这样,在自主创新中所需要的隐性知识的缺失有可能会拖累韩国企业的研究和开发能力,研究密集型大学的缺少也在很大程度上制约了可能出现技术萌芽的小企业的发展,从而使这些依赖技术创新占领市场的小企业的发展难以为继。

---

① [韩]金麟洙.从模仿到创新——韩国技术学习的动力[M].北京:新华出版社,1998:222-223.

四、韩国自主创新模式对中国自主创新的借鉴意义

韩国的自主创新模式获得了很大成功，其成功经验对中国自主创新进程的推进有着很重要的借鉴意义：

1. 韩国的技术追赶活动是从模仿创新开始的

经验表明，模仿创新是发展中国家缩小与发达国家技术差距的一条重要路径。重要的是，模仿创新并不是原样仿造，而是有所改进和发展，其核心是通过在规模经济、工艺改进、质量控制、标准化生产和市场营销等创新链的中后期环节投入主要力量，生产出性能、质量、价格上有竞争力的产品，并赢得市场优势①。模仿创新的结果不一定成功，例如，虽然巴西的技术创新模式也是模仿创新式的，但是由于其过度依赖发达国家的先进技术，巴西不断地陷入依附性的发展模式，这种模式就是试图通过技术引进、利用外资和跨国公司等来提高本国经济活动的竞争力，即依赖发达国家的技术创新能力来进入全球化经济活动。而从历史来看，虽然韩国引进国外技术促进本国经济发展，但经过一段时间的引进与消化后，放弃依赖国外技术而走自己创新之路。正反两方面的历史表明，模仿不是最终的目的，创新才是最后的归宿。只有在模仿的过程中，不断地积累自己的技术能力，由渐进型模式走向跨越型模式，自主创新才能获得最终的胜利。

2. 对于中国现阶段的情况来说，加快建设中国国家创新体系是进行自主创新的当务之急

韩国技术创新模式的成功，从制度层面来看，是技术创新和与其相辅相成的制度有效结合的结果。一个国家的自主创新，既是产业内技术发展的结果，更是一个国家经济发展的结果，正如前文所述，技术进步与经济增长是一对孪生兄弟。如果不调动全社会内的一切自主创新要素的积极

---

① 吕铁. 中国工业技术创新及韩国经验借鉴［J］. 中共中央党校学报，2007（12）：16-18.

性，也就是说，如果没有一个为之做坚强基石的国家创新体系，自主创新是很难获得成功的。韩国的经验正好说明了这一点。虽然韩国谈不上其国家创新体系建设得如何，但是其以企业为主体的技术创新体系、政府强有力的主导作用、国民勤奋的学习品质、一批具有创新精神的企业家人才却是促进产业自主创新能力提高的关键所在。在市场经济条件下，企业是经济活动的主体，按照科技与经济的内在联系规律，企业理所当然也是技术创新的主体。所以，要想建立一个有效的国家技术创新体系，中国还需进一步加强企业技术创新的主体地位。

第六章 中国自主创新模式的选择

模式亦称"范型",一般指可以作为范本、模本、变本的样式,它强调形式上的规律。自主创新的模式问题就是采取什么方式进行自主创新的问题。从前面的论述可以看出,各种创新资源的数量和质量是自主创新的决定性因素,从这个意义上来讲,自主创新的模式问题其实就是各种创新资源在自主创新中的配置问题,换句话说,就是通过什么方式来配置创新资源使其达到效率的最优化从而加快自主创新的问题。本章正是从这个角度来研究中国自主创新的模式问题。

第一节 中国工业化中后期经济发展水平与自主创新模式

技术进步与经济增长之间具有双向的决定关系:一方面,经济增长不断对技术进步提出新的要求,从而会促进科学技术的不断发展和变革;另一方面,表现为在应用技术创新成果的基础上,技术进步不断促进经济的增长。经济发展水平制约着技术进步的发展,或者说影响着自主创新的进程。正如内森·罗森伯格所说,"要理解任何时期技术知识的主要特点,都必须先系统理解孕育这一技术更早的历史时期","进一步说,经济因

第六章 中国自主创新模式的选择

素有力地决定了技术知识的增长,虽然不能认为任何经济的模式可以充分解释技术知识的全部内容"[①]。所以,研究和分析中国现阶段经济发展阶段以及经济发展中的各种资源禀赋(包括自主创新模型中的物质资本、人力资本和技术水平)及其阶段性特点对于中国自主创新模式的选择具有重要意义。

一、中国工业化中后期物质资本水平特点

阿罗在1962年借鉴了卡尔多的物质资本积累决定技术进步的思想建立了"阿罗模型"。他认为,技术进步是物质资本增长率的函数,技术进步率是物质资本增长率的函数。

$$\dot{A}/A = \nu K^{\nu-1}\dot{K}/A = \nu \dot{K}/K \qquad (6-1)$$

英国经济学家斯科特认为,产出的增长决定于物质资本和劳动,并建立了如下增长模型:

$$g = g_w + g_i \qquad (6-2)$$

$$g = \alpha\rho s + \mu g_i \qquad (6-3)$$

其中,g 表示经济增长率,g_w 表示工资增长率,g_i 表示"质量经过调整的"劳动力的增长率,α 表示年均投资系数,ρ 表示投资增长率,s 表示投资率,μ 表示劳动效率。该模型说明物质资本投资不仅是经济增长的决定性因素,同时也是知识积累和技术创新的源泉和动力。

以上模型虽然忽视了人力资本对技术创新以及经济增长的作用,它们只是从一个侧面反映了物质资本对于技术创新及经济增长的作用,但也不能因此而不重视物质资本在技术创新中的作用。物质资本特别是固定资本内含了特定的物化技术,固定资本的不断积累和更新本身隐含着物化技

---

① [美] 内森·罗森伯格. 探索黑箱——技术、经济学和历史 [M]. 王文勇,吕睿译. 北京:商务印书馆,2004:11.

的进步，物质资本的水平在一定程度上是技术水平的体现①。作为生产资料的物质资本进入生产过程之后与劳动力相结合，劳动力借助于这些物质资本不仅使自然物质力量演变为社会劳动的力量与因素，而且还加强了组织间的协助，产生出比单个劳动更高的技术效率。同时，由投资形成新的物质资本的生产效率必然高于原有的资本，因此，物质资本的增加必然反映和促进科学技术进步，从而引起经济体系的资本生产效率的提高和经济增长率的不断提高，从而促使经济总量的不断扩大，而经济总量的不断扩大又使物质资本的投入量不断扩大而形成规模经济，提高了生产要素的使用效率，同时也使经济体有能力分配更多的创新资源和动力进行技术创新投入，从而推动技术不断进步。

工业化的程度代表着一个国家或地区的物质资本制造和使用水平，进而影响到中国自主创新的进程。可以说，有什么样的工业发展道路就有什么样的工业技术创新模式。而中国是传统的农业大国，工业化又是中国实现现代化的必由之路，所以，分析物质资本的现状与水平离不开对中国工业发展道路的探究。总的来说，中国工业发展道路经历了两个阶段：一是1949~1978年中国基本上走的是封闭式的工业发展道路；二是从1978年以后中国逐渐走上了开放式的工业发展道路。1978~2001年中国基本采取了半开放式的工业发展道路，2001年以后中国全面融入经济全球化，开始了完全开放式的工业发展道路。1978年，中国工业基础比较薄弱。2007年工业增加值达到107367亿元，比1978年增长23倍（按可比价计算）。30年来，中国工业占GDP的比重基本上都在40%以上，2007年达43%，对国民经济的发展起着不可替代的主导作用。工业经济效益显著提高，创造了大量的社会财富，2007年，中国工业企业实现利润27155亿元，固定资产原值198739亿元，分别是1978年的45倍和57倍。而在整个工业体系中装备制造业被称为整个工业的母机，是一个国家现代化的基

---

① 鲁志国. 广义资本投入与技术创新能力相关关系研究 [M]. 上海：上海三联书店，2006：65.

础和经济实力的集中体现,是制造物质资本品的重要行业,在某种程度上体现了一个国家物质资本品的水平:一方面,据美国经济咨询公司统计显示,1995年中国在全球制造业增加值中仅占5%,2007年已升至14%,在全球制造业排行榜上与日本并列第二。进入21世纪后,中国装备制造业的发展出现了许多非常积极的现象,中国重大技术装备的自主开发能力、技术水平、产品质量和成套水平都有了明显的提高。例如,继三峡电站水轮机转轮等一批大型成套设备按期交货后,水轮机导水机构又研制成功,该设备总量超过1000吨,最大直径13.76米,世界上容量最大的500千伏直流输电工程的换流站大型硅整流元件等关键设备也已经研制成功,而且在一些高新技术领域,中国已拥有了一些自主创新成果。例如,在第三代移动通信领域,中国科学家提出的标准已被国际无线电联盟采纳;在高清晰度彩电研究领域,中国也提出了自己的四套标准。这意味着在某些技术领域中国的实际物质资本品的水平已经具备了为中国通过自主创新实现技术跨越的物质基础。另一方面,从规模上来看,中国的制造业已经具有相当大的规模,占GDP的35%以上,从业人员8000多万人,在国民经济中起到重要作用,但是中国大多数制造业是劳动密集型,人均劳动生产率低,仅为发达国家的1/30,而且主要停留在低附加值产品行业。研究和开发能力薄弱,大部分核心技术和关键设备依赖进口,高端产品大多由合资企业生产。例如,光纤制造设备的100%、可编程控制器(PLC)的100%、大中型分散型控制系统(DCS)的90%、集成电路芯片制造设备的85%、石油化工设备的80%及汽车工业装备、数控机床、纺织机械和胶印设备的70%都被国外进口产品占领。这说明在中国大多数行业物质资本品的水平还比较低,制约着中国自主创新的跨越式发展。

以上两方面的情况说明虽然中国进行自主创新所需的物质资本品规模很大,但水平还比较低。这也决定了中国在今后很长一段时间内,工业自主创新应该以渐进性创新为主,通过大力引进消化和吸收先进技术,进而模仿创新,在技术不断积累的基础上逐步增加自主创新的比重,尽快缩小

内生增长视角下中国自主创新研究

与发达国家之间的技术差距，最终实现技术赶超。同时，虽然技术进步的源泉来自技术创新，但一项技术创新本身对经济的影响和社会生产力的提高却是有限的，只有借助于扩散，技术创新的潜在经济效益与能量才能最大限度地发挥出来。所以，从某种意义上来说，技术创新的扩散比技术创新本身更为重要。技术创新扩散是创新技术的时空传播，是一项创新技术在其他企业（或部门）及更大的地域空间范围的应用推广。技术扩散的方式是多种多样的，既包括有意识的创新技术转移，也包括无意识的创新技术传播。所以，应该在少数关键领域积极推进全面自主创新，加快R&D后的工艺设计、产品试制、大批商业化生产等重要创新环节的进程，使自主创新的技术成果能够以最快速度、在最大范围内得以扩散和巩固并适时实现这些领域的技术跨越。

二、中国工业化中后期人力资本水平特点

要分析中国工业化中后期人力资本水平的特点，必须准确地进行人力资本水平的量度。劳动者的知识和技能是人力资本的重要组成部分，而在经济运行中，劳动者的知识和技能的获取是需要经过对教育培训的持续投资才能获得。目前国内外关于人力资本存量水平的计量方法主要有三种：未来收入法、教育存量法和累计成本法①。未来收入法是从人力资本可能据以获得的未来收益的多少来确定人力资本的现期价值水平，也就是说，人们未来收益的多少取决于其目前拥有的人力资本水平的高低。该法的计算必须具备两个基本的数据：一是要确定一个合理的折现率；二是要确定按教育水平分类时每一级水平上人力资本的收入数据和达到该级水平时所付出的成本数据。另外，未来收入还存在着极大的不确定性，所以实际上该法实施起来是非常困难的，大部分国家和地区都难以提供这方面的统计数

---

① 钱雪亚. 人力资本存量计量的合理视角 [J]. 浙江社会科学, 2005 (5): 44.

据。教育存量法是通过人力资本受教育的程度来间接地衡量人力资本水平的一种方法。其基本理念为：受教育年限与接受教育或培训的劳动力人力资本投资呈较强的正相关性，劳动力受教育程度或年限与劳动力在"干中学"的人力资本积累呈正相关，受教育的年限越长，劳动力在劳动中积累经验的能力越高和接受新技术、新知识越容易。另外，从人力资本的形成途径来看，人力资本的形成主要有两条途径：一是通过与生产分离的学校教育来获得一般人力资本；二是在实践中学习来获得专业化人力资本。但是，专业化人力资本的形成规模和速度直接取决于社会一般人力资本已达到的水平。而且受教育年限反映的是现象达到的代表水平，识字率、入学率等属相对指标——反映的是现象发展中的相对程度和相对深度，能够体现自主创新进程中发展的过程。累计成本法是根据人力资本积累过程中累计投入量的多少来确定人力资本的当前价值水平。其基本理念为：人力资本存量的多少取决于为获得这些人力资本所花费相关支出的总和。三种计量方法都有其合理性和不足之处。教育存量法存在无法计算知识的累计效应并且没有测算在学校外获得的人力资本的特点；受教育年限法用劳动力的受教育程度或年限代表劳动力的人力资本存量不仅简明扼要，而且数据具有可得性和精确性；累计成本法虽然符合经济学的成本收入分析范式，但是对中国自主创新中人力资本存量水平来说，缺少对人力资本水平质上的层次性分析。

根据以上分析本书拟采用受教育年限法和累计成本法相结合的方式计算人力资本。这样做的好处在于我们不仅可以从人力资本存量的总量方面研究中国目前的人力资本现状，还可以从人力资本层次性的变化上分析人力资本质的变化，以便更好地研究中国人力资本对中国自主创新模型选择的影响。

用受教育年限法来分析。目前，中国的国民教育序列包括研究生教育、高等教育（普通教育本专科、成人教育本专科）、中等教育（高中阶段教育和初中阶段教育）、初等教育（小学）、学前教育、特殊教育（盲聋哑和弱智儿童学校等）。需要说明的是，在这些阶段中，学前教育和特殊教育两种教育由于其教育性质的特殊性，且其与自主创新相关性较弱，所以本书剔除了上述两个阶段。另外,研究生教育包括硕士研究生和博士研究生。而高等教育包括普通高等教育和各类成人教育（如广播电视大学、独立函授学院、各个普通高等学校所办的函授班等）。由于考虑到教育级别的同质性以及数据的可加性,本书未对两者加以区别。综上,可将教育层级分为四个级别：研究生教育、高等教育、中等教育、初等教育。对于人力资本存量的计算方法,本书以各级教育的招生数作为当年各级教育水平的增量,同时以上一年的人力资本存量乘以各级相应的人力资本折旧率,扣除人力资本折旧后与当年的招生数相加即可得到当年相应教育层级的人力资本存量。具体数据见表6-1。①

表6-1 1978~2017年按教育层级划分的人力资本存量

年份	研究生			大学本专科生			中等教育			小学生		
	人力资本存量（万人）	人力资本增量（万人）	人力资本折旧率（%）	人力资本存量（万人）	人力资本增量（万人）	人力资本折旧率（%）	人力资本存量（亿人）	人力资本增量（万人）	人力资本折旧率（%）	人力资本存量（亿人）	人力资本增量（万人）	人力资本折旧率（%）
1978	1.4	1.07	2.00	406	86.8	1.50	1.69	2872	2.84	3.14	4869	6.10
1979	2.2	0.81		484	84.9		1.92	2693		3.28	3264	
1980	2.6	0.36		526	48.5		2.11	2408		3.39	3126	
1981	3.4	0.94		559	40.7		2.30	2379		3.48	2948	
1982	4.4	1.11	1.50	616	65.5	1.50	2.49	2462	2.84	3.55	2877	6.10
1983	5.9	1.56		698	90.7		2.66	2318		3.61	2746	
1984	8.1	2.32		795	108		2.81	2228		3.66	2697	
1985	12.7	4.69		940	157		2.97	2205		3.69	2504	
1986	16.6	4.13		1059	133		3.10	2033		3.76	3003	
1987	20.2	3.90		1178	135		3.22	1996		3.84	3104	
1988	23.5	3.56		1324	163		3.33	1930		3.95	3443	
1989	26.0	2.86		1450	147		3.44	1889		4.08	3695	

① 其中相同时期人力资本折旧率以及2004年以前数据均来自鲁志国所著《广义资本投入与技术创新能力相关关系研究》一书。

续表

年份	研究生			大学本专科生			中等教育			小学生		
	人力资本存量（万人）	人力资本增量（万人）	人力资本折旧率（%）	人力资本存量（万人）	人力资本增量（万人）	人力资本折旧率（%）	人力资本存量（亿人）	人力资本增量（万人）	人力资本折旧率（%）	人力资本存量（亿人）	人力资本增量（万人）	人力资本折旧率（%）
1990	28.6	2.97		1584	143		3.56	1948		4.20	3685	
1991	31.5	2.97		1705	145		3.72	2016		4.21	2336	
1992	34.6	3.34		1854	174		3.88	2068		4.23	2461	
1993	38.6	4.21		2047	221		4.05	2132		4.26	2641	
1994	43.5	5.09		2255	238		4.24	2347		4.32	2833	
1995	48.3	5.11		2457	233		4.44	2520		4.39	2820	
1996	54.0	5.94		2419	—		4.65	2542		4.41	2781	
1997	60.1	6.38		3020	637		4.86	2688		4.45	2733	
1998	67.1	7.25		3112	136		5.10	2889		4.45	2427	
1999	76.0	9.22		4384	417		5.35	3117		4.44	2293	
2000	88.4	12.8		4313	881		5.61	3224		4.42	2186	
2001	105	16.5		5075	825		5.87	3292		4.40	2188	
2002	125	20.3	0.50	5496	496	1.48	6.15	3407	1.64	4.38	2239	5.38
2003	152	26.9		6454	1039		6.42	3459		4.36	2116	
2004	185	32.6		7207	765		6.76	3482		4.53	1747	
2005	222	36.5		7891	786		7.10	3521		4.69	1671	
2006	262	39.8		8723	844		7.45	3549		4.86	1729	
2007	293	31.1		9170	447		7.79	3406		5.04	1870	
2008	327	34.4		9682	512		8.12	3360		5.22	1865	
2009	364	37.1		10213	531		8.45	3311		5.4	1805	
2010	402	38.3		10788	575		8.77	3281		5.57	1739	
2011	445	42.9		11396	608		9.09	3266		5.73	1662	
2012	493	48.6		12020	624		9.41	3202		5.89	1641	
2013	544	51.3		12658	638		9.71	3088		6.05	1581	
2014	597	53.5		13317	659		10.00	2892		6.19	1476	
2015	652	55.1		13997	680		10.28	2825		6.33	1437	
2016	708	56.3	0.00	14701	704	1.48	10.55	2785	1.64	6.48	1507	5.38
2017	766	57.8		15436	735		10.81	2686		6.63	1565	

资料来源：国家统计局历年中国统计年鉴。

从表6-1可以看出，中国人力资本总存量从1978年开始走上了规范发展的道路，虽然人力资本的存量基础比较低，但是增长速度却比较快。特别是2000年以来，中国逐年扩大了高等教育的规模，使高等级的人力资本存量增加较快。这对于中国自主创新模式的影响在于：在中国引进吸收再创新的过程中，高端的人力资本存量的增加将会加快中国自主创新中隐性知识的积累，从而最有可能打破外国对中国先进技术的封锁，最有可能靠近世界先进技术水平，拥有这些高端的人力资本存量的领域将是中国自主创新中的主战场。但是与发达国家相比，中国高等级教育发展起点较低，高层级的人力资本比重在整个人力资本总存量中占的比例较小，这说明中国专业化人力资本的比例还不高，人力资本的结构还有待优化，从而必须继续加大对高等教育的投入，不断扩大高等级人才的规模，提高人力资本的素质，改善人力资本的结构。

上述的教育存量法用反映教育成就或国民受教育程度的指标间接地描述人力资本存量，所有的指标均为非价值指标，与其他用价值量衡量的资本形态不具备可比性。为了解决上述问题，本书拟结合累计成本法来计量人力资本存量。具体来说，就是将表6-1中所得到各年各级教育期间的人力资本存量乘以相应的人均教育经费累计支出得到相应的人力资本存量。由于数据可得性的关系，本书只计算了部分年份的数据，如表6-2所示。

表6-2 部分年份按成本法计量的人力资本数据

单位：亿元

年份	研究生教育	高等教育	中等教育	初等教育
2001	735	20300	58700	26400
2002	875	21984	61500	26280
2003	1064	25816	64200	26160
2004	1295	28828	67600	27180

续表

年份	研究生教育	高等教育	中等教育	初等教育
2005	1554	31564	71000	28140
2006	1834	34892	74500	29160

资料来源：国家统计局历年中国统计年鉴（经笔者整理后得最终数据）。

从表6-2可以看出，一方面，中国人力资本总量巨大，中等及以下人力资本在人力资本总量中占了很大的比例，这与中国现阶段工业化发展以劳动密集型产业为主的现实是相符的；另一方面，低级劳动力大量过剩，这就决定了在自主创新过程中，当中国采取渐进式创新方式向西方国家引进和转移先进技术时，必须考虑中国劳动力要素禀赋的问题，如果不加改造使用以资本代替劳动为特征的外国技术，将与中国的要素禀赋产生矛盾。因为当今世界的主要产业技术都产生于西方发达国家，任何产业的技术特征都会带有它所产生的那个社会的经济环境的烙印。例如，在发达国家，由于劳动力价格相对较高，其工业技术倾向于更节约人力、更多使用资本，即以资本替代劳动，而中国丰富的劳动力资源必然要求产业技术在总体上具有吸纳更多劳动力的性质，同时又不失其经济效率。在这样的技术基础上，针对中国消费市场的多层次群体，中国制造业的产品也必然是多档次的，这决定了中国的产业技术必然表现出多元化、多技术、多层次的显著特征。

三、中国工业化中后期技术水平特点

技术水平是技术积累的结果，技术积累到一定水平，又会对技术创新的模式产生重要影响。技术积累是指企业作为一个有机系统，在从事技术活动过程中所获得的一种寓于企业组织之中的知识积累和技术能力递进。从这个定义可以看出，技术积累是一个过程的产物，具有积淀性和递进性的特点，在实践中企业的技术积累都是以某一特定技术轨道为主线而逐渐形成的，技术积累的特点决定了技术水平的特点。本节将从技术积累的角度出发研究技术水平对技术创新模式的影响，并进而分析中国工业化中后期技术水平特点与自主创新模式的关系。

按技术积累的途径分为两类基本方式：内生型积累和外生型积累。内生型积累是指创新主体在生产技术活动实践中，通过独立的探索，特别是通过自主创新过程中发现、掌握或创造新的技术知识，提高自身技术能力的一种自我积累模式。内生型技术积累的特点在于其技术活动具有超前性，只能依靠自己的力量进行技术积累。当今国际上一些著名的跨国公司如索尼公司、杜邦公司的技术积累大多采取以内生型技术积累为主的模式。内生型技术积累由于具有超前性、探索性和不确定性的特点，技术积累的效率一般较低，积累速度比较缓慢。由于西方国家的封锁，中国在某些技术领域打破了西方的垄断，形成了一定的技术能力。就行业来说，电力行业首当其冲。自从1949年中华人民共和国成立以来，中国电力行业由小到大，从主要依靠国外设计、提供技术装备到基本立足于国内，建成火电厂、水电站、核电站以及新能源发电站各种电站，全国输电网络框架已经形成。2003年底，中国电站装机总容量为3.845亿千瓦，年发电量为19107亿千瓦，装机容量和发电量均居世界第二位。这表明，中国电力工业的技术水平已达到一定的高度。具体来说，中国已掌握了60万千瓦及以下火电机组的设计、施工、运行技术，30万千瓦级机组的产量已能满足电力发展的需求。汽轮机组通流计算等技术达到国际先进水平，初步掌握了实用的汽轮机等主辅机设备的现代化制造技术。中国设备制造商已具有独立承担世界上最大水轮发电机组的设计和制造的能力，水电建设已居世界先进水平。另外，中国的电网传输技术已达到较高的水平。中国已建成七个互联的跨省份电网，五个独立的省级电网，电网中500千伏主网架正逐步形成和壮大；中国自主开发的电力系统计算分析软件在电力系统规划设计、调度运输部门得到全面推广应用，使中国的电力系统的分析水

第六章 中国自主创新模式的选择

平居于世界先进行列。继电保护和自动装置方面全面推进微机化，其技术水平居世界前列，在国内的市场占有率已大大超过国外产品；自主开发的电力调度自动化系统投入大区调度实际运行；输电线路大跨越高海拔重冰区设计技术达到国际先进水平。从以上内容可以看出，像电力行业这样经过多年内源性积累的行业，其技术已经具备了一定水平，具有技术基础较好的优势，在进行自主创新的过程中，有可能实现跨越式发展。

引进型积累是指在技术发展相对落后的情况下，后进企业通过各种渠道学习先进企业的经验，引进、消化、吸收先进企业开发的技术，实现技术积累的一种模式。技术发展相对落后的企业采用引进型技术积累模式可以少走弯路，迅速缩小与先进企业之间的技术差距，提高自身的创新能力。发展中国家一般采用引进型技术积累模式，这是发展中国家加快经济技术发展的一条捷径。具体来说，引进型积累模式包括如下四种方式：外商直接投资（FDI）、合资企业、接受委托加工、技术引进。每种方式对技术积累的作用各有其特点及局限性，如表6-3所示①。

表6-3 引进型技术积累形式比较

技术积累形式	对技术积累的作用	局限性
外商直接投资（FDI）	对本国企业起标榜作用，FDI企业与本国企业发生人才流动、转包生产和技术指导实现本国企业的技术积累	技术积累是间接的，对个人层次上的技术积累作用较大，国内企业可以获得较高素质的人力资本
合资企业	外方直接参与管理，并对本国员工进行培训，能形成组织层次上的积累	技术积累有结构性缺陷，偏重于生产操作层次的技术
接受委托加工	通过接受委托加工，学习先进技术，技术起点较高，自主性强，技术积累的结构较合理	对技术基础要求较高，难以在技术落后企业中普遍推广
技术引进	直接引进国外先进技术与设备，通过"干中学"的方式，实现技术积累	引进的技术不是最先进的，在技术积累的过程中有可能落入技术陷阱

资料来源：笔者整理所得。

---

① 傅家骥. 技术创新学 [M]. 北京：清华大学出版社，1998：305-306.

自1978年以来，中国共花费1794亿美元从发达国家引进先进技术，对于促进中国经济的发展起了推动作用。到20世纪90年代以后，技术引进的重点主要集中于机械、电子、能源、石化、化工、冶金、交通运输等领域。总的来说，技术引进对增加国内供给能力、提高技术水平、优化产业结构和提高国际竞争力发挥了重要作用。但是，由于各个行业引进技术的历史情况的不同，所以技术引进所带来的技术积累水平也不尽相同。机械行业从1978年至今共引进了3000多项先进技术，重点骨干企业都基本上引进了国外技术，通过消化吸收和自主研究开发，使一批共性、基础性先进制造技术有所突破，同时还掌握了一大批重大技术装备的关键制造技术，并随着技术装备和工艺技术水平的提高，中国机械工艺产品出口迅速增加。虽然中国制造业取得了长足进展，但是与发达国家相比，仍然存在相当大的差距。许多重要的、技术附加值高的设备自给率很低。由于汽车行业起步晚、基础差，在技术引进的过程中只能做到一般性的技术开发，缺乏完整的轿车自主开发能力，与日本相比，中国的合资汽车在汽车通用技术领域的差距为3~4年，汽车标准技术领域约为6年，汽车高级技术领域为8年，超高级技术为10年以上。可见汽车工业的技术积累水平是较低的。家电行业可以说是一部技术引进的历史。通过引进消化和吸收，中国家电工业只用了10年的时间，就从几乎一片空白发展到具有10大系列、150多个品种的体系完备、门类齐全的工业部门，并且多项产品产量居世界首位。但是中国家电的制造能力还基本限于中低端产品，技术含量高、利润率高的家电产品还基本掌握在跨国公司手中；在关键零部件生产方面，中国企业缺乏拥有自主知识产权的核心技术，例如，电冰箱压缩机、空调压缩机和微波炉磁控管等，还不能摆脱他人控制的局面。电子及通信设备行业引进的历史较早，但基本上采用交钥匙工程、购买成套设备等方式引进衰退期的技术，并没能获得大量的核心技术。从该行业引进技术的特征来看：其一，引进技术的地区主要在北京、天津、上海、广东、江苏等地区。其二，引进方式不断变化。专利转让或许可这类技术含量的

第六章 中国自主创新模式的选择

引进方式增长迅猛,并迅速占据主要地位。在该行业中引进规模不断扩大和核心技术缺少的矛盾日益突出,引进项目的技术含量都内嵌在专业芯片上,所以核心技术难以模仿。

通过以上分析,中国技术引进的特点是:以专有、专利技术的许可或转让、技术咨询、技术服务、计算机软件许可等方式的技术引进比重在逐步加大,技术引进合同总金额中设备费所占比重明显下降,到2006年下降到3.3%。引进的行业以电子信息、冶金、交通运输、化工、能源为重点行业。但是由于中国企业在技术引进中重引进、轻消化吸收,使这些行业的技术积累较少,自主创新缺乏技术基础,技术创新能力不高。同时引进与研究开发脱节,使技术引进的消化、吸收局限于生产领域内,没有充分发挥科研的潜力,使中国自主创新进程受阻。只有学习和掌握引进的先进技术并加以消化吸收,在此基础上进行二次技术创新,才能在某些行业或领域缩短甚至是跳跃式地缩小与发达国家的技术差距,从而加快中国自主创新的进程。

总之,自主创新模式选择是一个动态过程,它应该根据自身经济发展阶段、科技发展水平和国际科技环境来决定,中国各地区经济发展水平差异较大,科技发展水平、自主创新也不相同,创新模式的选择也不可能相同,我们应该根据自身条件,并借鉴世界上成功国家的经验,科学合理地选择适合自己的创新模式。通过对中国工业化中期物质资本水平、人力资本水平和技术水平特点,以及前面章节对中国自主创新模型的动静态分析,可以看出:目前中国的自主创新主要以渐进式创新为主,通过引进消化吸收,激活创新资源存量,提高创新资源增量,努力吸收对创新主体独有的核心技术有利的资源,进行二次创新,最终实现有着核心知识产权的真正意义上的自主创新。同时,少数具备条件的创新主体可以并行地实现技术的跨越式发展,争取超越世界先进水平。究其原因,正如前面所分析的,中国自主创新的绝大多数要素水平尚处于自主创新模型中的"$\beta+\gamma<1$"的情形,人力资本对技术进步的贡献率尚未起到决定性的作用。

第二节 中国自主创新模式选择的市场导向性

前文从创新主体的内部决定因素分析了中国自主创新的行为模式,但是自主创新是如何发生的,究竟是什么原因导致了自主创新活动的发展,或者说是什么因素推动这个国家(或企业)进行自主创新的实践?本节将从自主创新的外部因素的角度探索自主创新的模式。

一、自主创新模式市场导向性的理论分析

技术创新和市场有着很强的关联性。美国著名的创新经济学家、宾夕法尼亚大学教授施穆克勒认为,技术活动与其他经济活动一样,基本上是追求利润的经济活动,它受市场需求的引导和制约。施穆克勒研究了19世纪上半叶到20世纪50年代美国铁路、炼油、农业和造纸工业等的投资、存量、就业和发明活动,结果表明,投资和专利的时间序列表现出高度的同步效应,投资序列往往领先于专利序列,相反的可能性则较少[①]。社会的需要是推动创新活动的最根本的动力,只有完善的市场才能把广泛的社会需求和技术创新紧密地联系起来,并使它们相互激活,从而使技术创新活动获得需求的强大推动力。正如斯泰尔所说,"如果某项产品具有一个很大的市场,那么一项能够改进该产品或提高其产量的发明本身就能为发明者带来可观的利润"[②]。纵观人类历史,凡是市场兴旺发达时期,

---

① 欧晓万. 异质性人力资本、市场需求对技术创新的影响——基于跨省的面板数据实证研究 [J]. 上海经济研究,2007 (4):84.
② [美] 本·斯泰尔. 技术创新与经济绩效 [M]. 浦东新区科学技术局,浦东产业经济研究院译. 上海:上海人民出版社,2006:14.

人们的创新意识就很强、创新动力就很足、创新成就很丰富。可以这样说，科学技术是随着市场的兴起而兴起，随着市场的发展而发展，随着市场的繁荣而繁荣的。18世纪60年代第一次工业革命的兴起，就是在人的第一个市场经济制度诞生之后所发生。市场是技术创新的根本动力，也是中国自主创新的根本动力。而在造成中国科技发展一度落后、创新能力不足的诸多原因之中，最为致命的一个缺陷就是中国市场体制的不成熟和不完善。改革开放以来中国科技创新获得越来越好的成绩，科技水平逐步提高，正是在中国社会主义市场经济制度建设不断完善的时期。在市场经济体制下，市场将对资源配置起基础性作用，当然也包括各种创新资源的配置。

中国自主创新的市场导向性可以从以下四个方面得到诠释：

1. 自主创新的动力机制

市场需求是自主创新最根本的拉动力。以市场需求为导向进行自主创新，意味着创新的收益有了某种程度的保障，这无疑会减少创新的盲目性，增加创新的积极性。市场竞争是迫使企业进行自主创新的外部压力。在市场经济条件下，当企业的产品在市场上面临的竞争压力很大，并危及其市场地位时，企业就必须通过自主创新增强其产品乃至企业的竞争力。市场需求是自主创新的外在拉动力，市场竞争是自主创新的外在压力。可见，市场激励对于推动创新主体进行自主创新是一种重要的力量。

2. 技术创新链

根据经济合作与发展组织（OECD）对技术创新的定义可以分为产品创新和过程创新。而对技术创新活动可分解为三个方面：获取和生产有关的新知识、生产的准备活动、新产品的销售。从而将技术创新活动归结为一个由发明思维、研究到工程测试以及模型，再到产业利用和规模化等环节组成的由研究到市场的创新链条。通过技术创新获取商业利润，再将获取的利润投入到新技术的创新活动中，这样就形成了一个由技术创新产生财富，再由财富产生技术创新的价值增值的良性循环。在市场经济条件下，企业是经济活动的主体，技术创新活动本质上是一个经济过程，技术创新必须坚持市场导向，反映市场需求，才能形成技术创新的价值增值。

3. 自主创新的主体

企业是自主创新的主体。企业作为创新主体，主要表现在三个方面：一是企业要成为技术创新的投资主体；二是企业要成为研究开发的主体；三是企业要成为利益分配的主体。同时企业作为市场经济中的微观单位，具有自负盈亏的特性。这意味着企业要进行自主创新必须将自主创新根植于企业的日常经营活动中去。企业作为技术创新的投资主体，意味着企业在国家产业政策的宏观指导下，根据市场需求变化和市场竞争格局，自主地选择适合本企业发展目标的创新项目，自主为创新项目进行筹资、融资和投资，在政府干扰减少的情况下为市场所需的创新项目投入最大努力。企业作为研究开发的主体，意味着企业的研发活动必须与企业的生产经营活动相联系，必须具有明确的商业目的。企业作为利益分配的主体，意味着在按照国家法定的程序纳税之后，企业有权分配其税后利润，这样国家就可以通过税收与资本收益分配的调整，把更多的利润留给企业，使企业能够根据市场需求导向去开展技术创新，进行再投资。

4. 自主创新的转换成本

自主创新转换成本是指从一种技术转换到另一种技术的损失和需支付的费用。由于资产的专用性和新老技术替代后产生的市场占有率的差距，技术创新所造成的转换成本巨大。这样，企业就不仅要注意直接替代产品的动向，还要注意从表面上来看与本企业产品无关而实际上是潜在的、间接的替代产品的动向。所以，企业必须以市场为导向，具备超前的市场意识，善于发掘潜在需求信息，减少技术转换风险。

总之，市场对自主创新产生指向作用，市场将公平地决定技术创新者的所得。在一个完善的市场经济条件下，创新者的回报是消费者对创新的接受程度。同时，市场可以消除自主创新不确定性而产生的消极影响，从而使技术系统内自主创新的速度得以提高。

二、自主创新模式市场导向性的实证分析

通过以上的分析表明,中国自主创新模式具有市场导向性的特点。本节将对此进行实证分析。首先,为了表征自主创新,我们用各行业大中型工业企业每年专利数代表自主创新的成果,记为Inno;其次,把各行业每年的新产品销售收入作为市场导向的代理变量,记为Mark。鉴于本书主要研究中国自主创新情况,再加上所获取数据对应变量的完整性,笔者选用高技术产业大中型工业企业发明专利申请数作为自主创新代理变量,并选用某些行业组成面板数据,如表6-4所示。

表6-4 中国高技术产业新产品销售收入与专利数据①

单位:亿元,个

行业	2005年 Mark(Inno)	2006年 Mark(Inno)	2007年 Mark(Inno)	2008年 Mark(Inno)	2009年 Mark(Inno)	2010年 Mark(Inno)
高技术产业	6914(9635)	8248(14882)	1030(22191)	1287(23131)	12590(31715)	1636(35371)
医药制造业	4693(1695)	5699(1475)	7126(1483)	9489(2538)	1248(2938)	1675(3705)
化学药品制造	3327(583)	4030(570)	5008(666)	6415(899)	846(—)	1145(1763)
中成药制造	1045(920)	1237(770)	1365(619)	1773(1260)	234(—)	294(1369)
生物、生化制品的制造	1713(135)	2218(92)	4760(161)	7197(200)	99(—)	138(280)
航空航天器制造业	3373(106)	3050(225)	3791(318)	4729(467)	272(622)	472(863)
电子及通信设备制造业	3852(6796)	4173(11163)	6013(17820)	6759(16988)	8232(22069)	9071(21753)
通信设备制造业	1643(5298)	1770(8482)	29380(14505)	3098(13283)	4143(—)	4274(13343)
雷达及配套设备制造业	2585(0)	4698(1)	7000(22)	1646(18)	51(—)	43(98)
广播电视设备制造业	1617(14)	2212(51)	4166(194)	5366(164)	58(—)	71(962)
电子器件制造业	5127(524)	4896(1174)	7680(1770)	1144(1545)	1201(—)	146(3919)
电子元件制造业	3023(219)	3917(304)	6245(413)	7385(674)	1091(—)	1497(1667)
家用视听设备制造业	1331(719)	1415(1119)	1506(745)	1576(1100)	1538(—)	1539(1545)

① 因本书要使用面板数据进行分析,受数据的可得性限制,本书选取了2005~2010年的相关数据。

续表

行　业	2005年 Mark(Inno)	2006年 Mark(Inno)	2007年 Mark(Inno)	2008年 Mark(Inno)	2009年 Mark(Inno)	2010年 Mark(Inno)
其他电子设备制造	2035(22)	3673(321)	6448(171)	1304(204)	147(—)	180(219)
电子计算机及办公设备制造业	2070(876)	2963(1153)	2814(1649)	4227(1967)	2253(4506)	4421(7221)
电子计算机整机制造业	1227(498)	1889(821)	1620(542)	2497(742)	949(—)	1533(4821)
电子计算机外部设备制造业	7750(372)	9949(720)	1058(575)	1546(749)	1136(—)	2667(1443)
医疗器械及仪器仪表制造业	1858(198)	2373(466)	3836(921)	4707(1171)	588(—)	724(1829)
医疗仪器设备及器械制造业	3190(99)	3687(202)	7572(524)	9469(466)	112(1580)	88(547)
仪器仪表制造业	1539(99)	2004(264)	3079(397)	3760(705)	475(—)	636(1282)

资料来源：国家统计局历年中国统计年鉴。

由于各个行业特点以及其他因素的影响，假定个体之间的差异是随机的、不确定的，故本书采取随机效应模型。随机效应计量模型如下：

$$y_i = X_i\beta + i\alpha_i + \varepsilon_i \tag{6-4}$$

其中，误差项为两种随机误差之和，α_i 表示随机变量，它反映个体差异的随机性，可以视为不在回归方程中反映的各种影响因素的总和。在随机效应的模型假设下：

$$E(\varepsilon_{it}) = E(\alpha_i) = 0$$

$$E(\varepsilon_{it}^2) = \sigma_{\varepsilon i}^2$$

$$E(\alpha_{it}^2) = \sigma_{\alpha}^2$$

$$E(\varepsilon_{it}\alpha_j) = 0$$

$$E(\varepsilon_{it}\varepsilon_{js}) = 0$$

$$E(\alpha_i\alpha_j) = 0$$

其中，i≠j 或 t≠s，且 α_i 与 x_{it} 不相关。

该模型可以写为：

$$y_i = X_i\beta + \mu_i \quad (6-5)$$

其中，$\mu_i = i\alpha_i + \varepsilon_i$。

为了检测随机效应是否是一致有效的估计方法，采用 Hausman 检验。该检验的零假设为：

$$H_0 : \sigma_\alpha^2 = 0 \quad (6-6)$$

为此，构造 Hausman 检验统计量

$$W = (\hat{\beta}_W - \hat{\beta}_{GLS})' \Sigma_\beta^{-1} (\hat{\beta}_W - \hat{\beta}_{GLS}) \quad (6-7)$$

它服从自由度为 K 的 χ^2 分布。其中，K 为解释变量的个数，而

$$\Sigma_\beta = Var(\hat{\beta}_W) - Var(\hat{\beta}_{GLS}) \quad (6-8)$$

这样可以利用 χ^2 分布的临界值与上述统计量对比来判断 $H_0 : \sigma_\alpha^2 = 0$ 是否成立。

如果不否定假设，就意味着没有随机效应，应当采用固定效应模型。反之，随机效应是一致有效的估计方法，而固定效应是一致但非有效的，应采用随机效应模型。为了减少数据波动，各个变量的数据仍然取对数值。

Hausman 检验的基本思路是：由于在遗漏相关变量的情况下，往往导致解释变量与随机扰动项出现同期相关性，导致外生性条件不满足，从而使 OLS 估计量有偏且非一致。因此，对模型遗漏相关变量的检验可以用模型是否出现解释变量与随机扰动项同期相关性的检验来替代。Hausman 检验结果如表 6-5 所示。

表 6-5 Hausman 检验结果

Test Summary	Chi-Sq. Statistic	Chi-Sq. d.f.	Prob.
Cross-section random	4.972505	1	0.1588

资料来源：笔者整理所得。

由表 6-5 可以看出，Hausman 检验结果显示在 5% 的显著性水平下拒绝

原假设,所以采用随机效用模型是合适的。模型估计结果如表6-6所示。

表6-6 面板数据模型估计结果

Variable	Coefficient	t-Statistic	Prob.
lnMart	0.3558	5.3354	0.0211

资料来源:笔者整理所得。

由模型估计结果可以看出,自变量 t 统计量为 5.3354,伴随概率为 0.0211,检验可以通过。自主创新成果与其新产品销售收入之间的系数为 0.3558。说明自市场经济体制确立以来市场因素对中国企业的自主创新行为产生较为显著影响,在市场体制的作用下,由于企业的创新项目是以市场为导向的,因而创新产品得到了市场的认可,市场对企业成功的创新活动也给予了肯定。在我们看来,市场的最大功能,在于自发地培育创新,市场过程是一个对技术创新进行自组织的过程,是技术创新朝着契合市场选择的方向不断纠错的结果,中国的自主创新模式是在较强的市场导向性下展开的。

第三节 中国基于市场和技术驱动的自主创新模式选择

一、技术对自主创新的推动作用

1. 技术范式与自主创新

科学技术的发展除了受到社会因素的推动之外,还有自身内在的规律

第六章 中国自主创新模式的选择

性,科学技术内部诸要素(如理论与实验之间、不同学术观点之间、不同学科之间、科学与技术不同)的发展和相互作用,带来了新的理论、新的技术、新的手段,当这些新的科学技术的预期效用优于旧技术时,会推动着企业积极尝试采用新的科学技术。根据20世纪60年代美国学者迈尔斯·马奎斯对567次创新产品的调查统计结果显示,属于技术发展推动的创新产品所占的比例达到了21%。技术、经济系统的变化是渐进的、演进的、选择性的及累积的过程,因此,是具有正反馈机制的随机非线性动态系统,系统一旦为某种偶然事件所影响,这种影响就会随着事态发展的不断累积和演进而被不断放大,系统则会沿着一条固定的轨迹或路径一直演化下去。在这种正强化的力量作用下,技术会沿着一定的轨道向前发展,即使有着更好的技术解决或替代方案,既定的路径也很难发生改变,技术会以一种循环效应强化自己的市场地位,这种自我强化的机制将使技术发展产生路径依赖和技术锁定,从而会表现为一种技术范式。技术的路径依赖和锁定说明了纯技术选择的结果有时不一定是市场选择的结果,在技术内部诸要素的作用下,技术自身的力量会大于市场的力量,从而会产生市场机制失灵。一般来说,技术范式的主导者主要是发达国家,发展中国家处于劣势地位,其企业在技术追赶的过程中由于缺乏持续的技术努力,没能获得和利用技术变化所必需的核心技术能力,所以在技术追赶的过程中将毫无疑问地受到发达国家技术范式的影响。从这个角度来看,首先,发展中国家成功的技术创新必须与追求技术独立的积极的技术学习联系起来。在后发国家提升国家技术能力的过程中,后发国家的企业必须通过学习发展出技术能力以实现持续增长和技术升级,在国际技术扩散的过程中掌握主动权。所以,企业要实现真正意义上的自主创新,必须对国内外的技术发展的动向和范式有准确地把握,这就意味着发展中国家的技术学习将成为一国自主创新的关键。其次,发展中国家的技术变革被认为开始于发达国家技术的国际扩散。技术学习的路径一般认为,遵循"反产品生命周期"模式或称为"逆向式"的模式。发达国家处于产品生命周期较晚阶段的一些技术可能与发展中国家的技术学习的起点相联系。发展中国家逐渐吸收和适应进口技术，并产生新技术。遵循这一反产品生命周期模型，技术变化从成熟技术到新兴技术，从过程技术到产品技术，而技术轨迹则从生产成本最小化到产品性能最优化。

综上所述，在自主创新的过程中，技术因素也是决定技术创新的一个重要方面，只有充分地掌握技术自身的发展规律才能使技术力量成为推动自主创新的主要驱动力。

2. 适应世界产业技术进步特点的自主创新

20世纪以来，科学技术飞速发展，技术更新速度和产业化周期缩短。大规模、大范围的研究开发投入促使技术变革越来越快，快速的技术变革又引起复杂的经济结构变化和转型，同时，由于信息技术及互联网的推动，知识积累的速度在加快，人们很难用过去的模型预测未来的技术进步。技术变革的步伐随着新一代技术的发明和应用而加速。工程师的知识每五年就有50%过时，在未来的10年内，一位工程师掌握知识的90%将可以在计算机上得到；在电子学方面，学生学到知识的50%到高年级将过时；医疗知识将以每8年翻一番的速度不断更新。这就需要创新体系中的各个要素相互协调，以合作的方式进行科学技术的创造、应用和扩散。世界产业技术进步的另一重要特点是技术和创新全球化，跨国公司在科技全球化尤其是产业技术全球化中扮演着决定性的角色，是技术转移、技术溢出的重要载体。目前，跨国公司的分支机构或国外子公司的产值占世界GDP的10%以上，占世界出口额的30%以上。另有资料显示，国际技术贸易的60%~70%、工艺研制的80%~90%都由跨国公司控制。其技术战略的特点是通过战略性技术联盟建立起一个立体的全球性技术预警和监控网络，以实现对有增长潜力的技术知识控制。同时随着世界经济、技术全球化趋势增强，基于企业、产业竞争力的国家竞争力，更多地取决于各种技术资源的竞争。知识产权、技术标准等已成为许多国家和地区发展贸易，保护民族产业，推动技术进步和实现高新技术产业发展，争夺、赢得

第六章 中国自主创新模式的选择

和维持未来竞争优势的重要手段。科学技术融合趋势日益显著,融合与集成已经成为现代技术发展的主导趋势。这种趋势具体表现在以下方面:

(1)科学技术的重大突破将不只表现为单一学科、单一技术的发展,而是表现为群体突破的态势,表现为学科之间的交叉融合,表现为新的技术群及相应产业群的竞相崛起,标志着科学技术进入一个前所未有的创新密集时代。

(2)人类对物质相互作用及运动规律的研究,将更多地从常规条件走向非常规的极端条件,宇宙科学、基本物质科学、地球科学、生命科学和非线性科学成为新的科学前沿。

(3)学科间的交叉融合,可能孕育着重大突破,信息科学、生命科学、认知科学和材料科学等的相互融合,自然科学与人文社会科学的相互渗透。

(4)科学和技术之间高度融合,逐步形成统一的科学技术体系。针对此规律,许多跨国公司都在积极制定符合各自特点的技术融合战略,以抢占未来技术和市场先机。进入21世纪,技术进步将继续加快,新技术、新产品、新工艺将层出不穷。以信息技术、生物技术和纳米技术为代表的新一轮科技革命方兴未艾。综合科技发展趋势以及国内外相关研究成果,普遍认为,信息技术、纳米技术和生物技术等将是21世纪最有前途的高新技术领域。其中,纳米研究能开发具有明显新特性的材料和系统,对医药、信息通信、能源、环境保护、航空航天等各经济部门及国土安全等国家利益领域有重大意义。纳米科技正引导研究人员沿着生物学、物理学、化学、材料科学、机械工程和电子工程等许多不同学科融合所形成的道路前进。而在生物技术方面,近年来人类基因组研究与开发的新发展、新基因及其新功能的新发现,为生物技术规模化、产业化发展提供了技术基础和创新保证。随着基因组技术、蛋白质组技术和生物芯片技术等领域的不断发展,工业与环境生物技术已经积聚而成系统工程技术,并将与医药生物技术、农业生物技术一起引领生物技术浪潮。目前,生物技术正成为对人类影响最大的高新技术领域，它不仅关系到人类自身发展，关系到与人类关系密切的动植物和生态领域，而且也关系到未来经济发展和国家安全。

从以上世界产业技术进步的特点可以看出，发展中国家在自主创新的过程中必须把握世界技术进步和发展的潮流和趋势，扎实做好产业发展规划，在关键技术和关键产业加大自主创新投入的力度，集中力量对未来影响深远的产业和技术趋势做好前瞻性安排，并对不同技术特点的产业采取灵活的自主创新模式。

3. 中国产业技术特点与自主创新

中国实行自主创新战略，必须考虑目前中国的产业技术结构和中国所处的国际技术体系。中国已经进入工业化中期，资源和环境的约束将驱使企业必须改变以不可再生资源为动力和物质基础的传统工业技术体系。这不仅对企业技术创新提出了要求，更对企业技术创新中的技术选择提出了要求。世界新的技术革命正孕育着新的、巨大的发展机遇。其中，信息技术仍将是带动世界经济增长和经济结构变化的主要动力；生物技术发展将引发新的产业革命；纳米技术发展将导致资源使用和制造业的变革等。一个全新的科学技术体系正取代传统工业化的技术经济体系。经济全球化使中国融入全球的产业体系中，其表现在于中国承接了国际产业转移。在国际产业转移的背后是国际研发转移和国际技术转移。跨国公司在全球范围内不断调整资源配置，从而引起了国际资本的大流动和制造业布局的大调整，使制造业在国家与国家之间形成梯度转移趋势。世界制造业开始越来越多地向中国转移，将使中国制造业向高级化、服务化、智能化、虚拟化、敏捷化和信息化方向发展。但是，随着中国市场竞争的加剧和国内竞争对手的不断成长，跨国公司开始加紧在中国进行专利布局。从1999年起，IBM、摩托罗拉、诺基亚、西门子、飞利浦、松下、日立、东芝、三星、LG等大型跨国公司纷纷在中国大陆进行了应对未来竞争的专利布局。根据《中国科技统计年鉴（2007）》的资料显示，2006年美国、英国、法国、德国、日本、韩国、瑞士等国家的跨国公司在中国被授权的三种专利数（包括发明专利、实用新型专利、外观设计专利）已达到38407件，占所有在中国获授权国家专利总数的87%①。由此，外国企业的技术行为出现了技术标准专利化的特征，越来越多的技术标准包含着专利技术，越来越多的专利以技术标准的方式存在。技术标准与专利的结合能够更加有效地锁定技术标准的使用者，从而为技术标准的制定者带来丰厚的利益。在这种情况下，对企业来讲，沿着其最初选择的技术标准进行技术创新是风险最小、成本最低的选择。同时，中国在技术应用和研发过程中，要合理、合法地学习和模仿，并注重自主知识产权的保护，避免在专利方面重蹈20世纪80年代日本企业和90年代中国台湾企业的覆辙，及时做好心理、人才和战略上的准备，避免自主创新的步伐受到阻挡。由此可见，中国在自主创新进程中，必须根据技术体系的变化，抓住机遇，把本国的产业技术特点与跨国公司的先进技术体系结合起来，顺应科技发展规律，把握技术发展方向。

二、自主创新的模式选择

加快自主创新进程其实质是力求在最短的时间内实现自主创新要素的量的积累和质的提高，即追求在一定的速度下取得实质性的进展。自主创新除了追求速度之外，还必须围绕市场目标展开。在这个过程中，市场是检验自主创新是否成功的最终标准，市场实现程度与获利的大小表明了市场对自主创新的接受程度，纯粹技术突破而没有市场价值的技术，不可能带动一国的自主创新，技术与市场的配合是自主创新的决定性因素，自主创新要找准市场机会和技术机会的结合点，实现速度和效益的结合与统一。自主创新要取得成功，在追求速度的同时必须紧密关注技术的市场

---

① 国家统计局，科学技术部．中国科技统计年鉴（2007）[M]．北京：中国统计出版社，2007：277-278．

性，从科研成果的立项开始，就要注重项目的市场价值。在这方面不乏成功的例子，例如，北大方正的激光照排技术。中国内地报业没有经历过第二代、第三代照排机的经历，从铅排直接跳到整页输出激光照排，没有广泛采用电分机出彩报，而直接过渡到先进的图文合一编排彩报。报业自主创新的成功经验告诉我们：自主创新是技术上的高瞻远瞩与占领市场、追求利润的结果。只有依靠许许多多的技术机会与市场机会的结合点，形成在市场竞争中拼杀的"千军万马"，才能实现拥有核心知识产权的技术成果。总之，成功的技术创新多是科学技术与市场需求完美结合的产物，自主创新更是一定速度下技术和市场的统一。对于微观主体来讲，自主创新是一个极其复杂的过程，很难界定哪一个因素是最具有决定性的。所以，中国的自主创新模式必须借助于市场和技术两个因素同时推动。总之，中国的自主创新模式应是以企业为主体、以市场为导向、以技术发展方向为潜在目标，并结合经济发展阶段和现有技术水平特点，有利于构建充分发挥政府职能的国家创新体系的模式。

第七章 中国自主创新的实现路径

演化经济学认为,技术、经济系统的变化是渐进、演进、选择性及积累的过程,因此,是具有正反馈的随机非线性动态系统,系统容易受某种偶然因素影响,这种影响会沿着一条固定的轨迹或路径一直演化下去,这便是技术变迁中的路径依赖现象。就中国的自主创新所拥有的要素禀赋来看,都不可能一蹴而就,只能是一个长期的渐进过程,但它又不同于发达国家技术创新的历史进程,因而必须选择一条适合于中国国情的实现路径才能获得成功。本章将从中国自主创新的阶段性特征及制度支持等方面阐述中国自主创新的实现路径。

第一节 中国自主创新实现路径的三个阶段

路径是方法和步骤的总和。要实现自主创新,最关键的是要实现知识的积累和技术的飞跃。本节将从技术积累的角度说明中国自主创新的路径与阶段。

一、中国自主创新实现路径阶段性的理论基础

创新经济学家 Abernathy 和 Utterback(1975,1978)基于对技术始发

国案例的研究和统计分析，提出了具有开创意义的技术创新类型划分，即基于创新内容划分的产品创新与工艺创新、基于创新程度划分的根本型创新与渐进型创新，并根据主要创新比率把产品创新和过程创新划分为"流动、转化和特性"三个阶段，并指出了每个阶段的主导技术创新路线和创新源，这就是非常著名的 A-U 模型。该模型构成了发达国家技术创新与产业演化过程的分析框架，它不仅为我们理解产品和工艺创新之间的关系、创新和产业演化之间的关系提供了线索，而且还有着较强的政策含义。在 A-U 模型基础上进行研究，最终大多数学者得出了发展中国家的技术追赶与发达国家的技术演进过程不同，是一个反向的 A-U 过程，即是一个从工艺创新到产品创新、从生产能力到创新能力演化的过程的结论。一般认为，发展中国家的技术能力演化是在技术引进的基础上、沿着既定技术路径发展的技术创新过程。韩国学者金麟洙（Lin-su Kim, 1997）根据对韩国汽车工业、电子工业、半导体工业等 200 多家公司进行 20 年深入研究并在实证分析的基础上，通过分析发达国家和奋起直追国家的技术轨迹，提出了后进国家的技术创新模型。该模型指出，在奋起直追国家工业化的早期阶段，由于缺乏建立高效的生产运作体系的能力，后进国家不得不通过进口国外的先进技术启动生产。现代技术结构不是"内生"的，必须依靠从外输入。事实上这种依靠技术引进谋求快速发展的方式不仅发生在特定技术领域成熟技术的传播过程中，即使是技术发展、成长和流动阶段也一样可能发生。其路径是一种逆向的 A-U 模式，是沿着"获得—消化—吸收—改进"的轨迹，走一条与发达国家的技术轨迹相反的道路。

Keun Lee 等（2001）则建立关于技术努力（Technological Effort）和既存知识存量（the Existing Knowledge Base）的技术能力模型。在该模型中，可得的研发资源与研发努力的相互作用决定了公司的技术能力。可得的研发资源包括内部的和可获得的外部知识存量以及金融资源等，公司的研发努力水平依赖于研发努力成功的概率。该文还区分了不同行业技术制度的区别,指出后进国家没有必要完全追随发达国家的技术发展路径,从而提出了技术追赶的三种模式:路径创造式、路径跳跃式和路径追随式。同时进一步指出,后起国家三段式技术发展轨迹不仅发生在特定成熟技术的传播过程中,也发生在发达国家技术的转移与流动阶段。后起国家中那些已成功地获得、消化和吸收(甚至是改进)了引进的成熟技术的企业,可能会利用发达国家尚处于转移阶段的较高技术来重复这一过程,如果获得成功,就会最终积累本国的技术能力,在流动阶段总结出新兴的技术,向发达国家的企业提出挑战。

从上述学者的理论研究可以得出结论:中国作为一个发展中国家,要想实现自主创新,必须遵循技术创新的规律,充分吸收创新理论的要点,针对技术创新中的"流动、转化和特性"三个阶段的特点,把握每个阶段的主导技术创新路线和创新源,才有可能取得成功。

二、中国自主创新的技术使用阶段

这个阶段一般对应于发展中国家的技术引进阶段,通过消化吸收引进技术,中国企业可以由模仿性分解技术来开发相关产品。在这一阶段大量引进国外先进技术,进行技术引进,是为了提高本国的技术能力,利用自身的技术能力生产产品来满足国内外市场的需求。技术引进类型通常以引进软技术为主,包括技术转让、技术许可、技术咨询和技术服务等,即使是引进硬件设施如成套设备、生产线等也是为了当作技术学习的样本,而不是为了引进而引进。从亚洲"四小龙"的发展历史来看,国际产业转移对其自主创新能力的提升起到了积极作用。20世纪80~90年代,在对外开发的大环境下,中国大企业的技术进步主要依靠合资引进国外技术,这对弥补中国产业技术与国外的差距和促进经济社会发展发挥了巨大作用。在这个阶段体现了技术创新 A-U 模型的流动阶段的特性,国际产业转移带来的先进技术和现代化管理知识以及产出的溢出效应，促进了中国工业部门的技术进步和劳动生产率的提高，也直接推动了中国产业结构的优化和升级。但是这种作用是外在的，是把别人的技术加到了自己的产品上，虽然从总体上来看技术水平提高了，但不是国内企业自己创造的。这一阶段的主要任务是处理好技术引进和技术创新之间的关系，加强对技术的消化和吸收，并建立完备的技术引进和国际技术发展的信息共享系统，加强国际科技交流和合作，加大消化吸收的资金投入，在一些战略性领域的核心技术上尽快形成有自主知识产权的技术能力和生产能力。

三、中国自主创新的技术改进阶段

中国自主创新的技术改进阶段是在对引进技术进行分解、消化、吸收的基础上，再对引进技术加以改进的阶段。在这一阶段，创新应不拘泥于引进技术的范式约束，而是在生产产品的功能和质量上加以提高，在占领一定的市场份额的前提下，不断提高自己的技术开发和技术创新能力。这一时期，中国技术创新模式主要是以渐进式创新模式为主，以持续性改进和产品升级为特征。有关资料显示，在日本引进技术的时期，平均花1美元引进技术，要花约7美元进行消化吸收和创新，目的是把引进的技术嚼碎吃透，彻底完成一个技术学习的过程，登上新的技术平台。在这个阶段，创新在更大程度上是指产品和工艺上无数的细小改进，而非根本性的飞跃。自主创新是由渐进到飞跃的一个连续性过程，是渐进与飞跃的结合，是整个产品周期中重大创新和渐进创新相互作用的过程。通过消化吸收，进而渐进性改进，企业可以在引进技术的基础上开发各具特色的产品，实现产品升级，从而形成自主创新能力。例如，中国化学工业的技术进步首先是以技术引进为主，其中特别是以合资引进为主，例如，杜邦、巴斯夫、拜尔等世界大型化学工业公司都曾是合资公司的代表，通过引进直接缩小了同先进国家的技术差距。当企业的技术力量得到加强后，企业开始注意技术研究和开发的资金投入,加大技术研发的力度,并逐步走上了技术发展的良性循环之路。其技术改进主要是通过新的工艺流程和生产设备方法,在原有的厂房设备基础上,改进关键的设备部件,通过自动控制系统和信息化处理,提高设备利用率和生产效率。可以说,技术引进和再开发是中国化学工业发展的主要途径之一。

四、中国自主创新的技术创造阶段

中国自主创新的技术创造阶段是中国自主创新的核心阶段。在这一阶段,自主创新要素的数量和质量均已达到较高水平,产业技术水平已经接近甚至达到世界先进水平,自主创新能力显著增强。此时,中国自主创新应吸取日本自主创新的经验和失误,确立好技术发展的前景和目标,以免在此阶段停滞不前。必须把握未来的科技发展趋势和经济社会发展需求,政府对科技发展趋势的研究从零碎走向系统,对科技发展态势的把握从被动走向主动,对经济、社会发展、科技的需求有了更深层次的认识,在这一阶段,中国技术创新的模式主要是以跨越式为主,以新产品甚至新产业的出现为特征,企业已经成为技术创新的真正主体。

中国自主创新实现路径的三个阶段是立足于技术能力积累而定义的三个阶段,从长远来看,三个阶段有先后之分、高低级之分。但是对一个国家或地区的自主创新进程来说,三个阶段的分界点并不是十分清晰,有时是以某一阶段的创新模式为主,而其他两个阶段的创新形式也同时存在。具体创新阶段和形式的选择,因根据创新地所处的历史时期、产业发展状况、创新环境、选择哪一种创新阶段对于本地的产业国际竞争力最有帮助等因素综合考虑才能决定。现阶段,从中国自主创新的整体情况来看,中国自主创新的三个阶段是交叉甚至是并行进行的,只有在彼此融合、相互促进的发展过程中才能使创新的效率最高。

内生增长视角下中国自主创新研究

第二节 中国区域自主创新的实现路径

我们正处于一个创新的时代,从技术到管理,再到金融和服务,世界各国都在各自的创新领域应对新一轮的竞争。由于多方面的原因,中国的区域经济发展很不平衡,区域差距很大,不同区域在技术开发和技术能力方面又有着明显的差别,因而对于中国自主创新问题研究,区域因素是一个不可回避的话题。为此,笔者分为强势地区和弱势地区来讨论中国自主创新的实现路径。

一、中国强势地区自主创新的实现路径

中国发达地区属于自主创新强势区域,包括北京、上海、江苏、广东。这四个省市均位于中国东部沿海地区,经济发达,创新能力居全国前列,在中国自主创新进程中将起到引领作用。这些创新领域的特征是:在创新资源方面,强势区域科技经费支出总额为2406.75亿元,占全国科技经费支出总额的41.08%,R&D经费支出额为1350.90亿元,占全国R&D经费支出总额的44.99%。在创新人员方面,强势区域科技活动人员总数为133.34万人,占全国总数的32.27%,科学家和工程师总数为95.51万人,占全国总数的34.13%,R&D人员有53.47万人,占全国总数的35.59%,由此可见,创新资源明显向强势地区倾斜;在创新实现能力方面,2006年强势区域的发明专利受理量共有57841项,占全国总受理量的51.95%,技术市场成交合同金额为1182.69亿元,占全国合同总金额的67.84%。强势区域高技术产业规模以上企业增加值达到5997.66亿元,占全国高技术产业规模以上企业增加值总额的59.65%,其高技术产品出

口额为 1818.94 亿元,更是占到了全国高技术产品出口额的 83.34%。这说明强势区域在创新实现方面确实有引领的态势;在创新潜力方面,可分为两个部分考察:一是创新攻关能力,强势区域的自然科学基金面上项目经费总额为 13.16 亿元,而其他区域的总和也仅仅为 13.70 亿元,强势区域拥有 74 个国家工程技术研究中心,112 个国家实验室,半数左右的国家性科研机构和硬件设施,博士生毕业人数占全国博士毕业生总数的 54.44%,达到了 19395 人;二是在教育及人才培育方面,强势区域共有 361 所高等学校,在这 361 所高等学校中有 49 所属于"211"工程大学,17 所"985"高校,分别占全国"211"工程大学和"985"高校总数的 46.67% 和 47.22%,强势区域的研究生毕业人数占全国的 38.63%,强势区域的科学家研究生培养率平均为 18.88%,由此可见,强势区域集中了优势资源,高效地培育了大批创新人员后备军①。

总的来说,发达地区的自主创新能力是中国创新最高水平的代表,在自主创新进程中引领和带动其他地区的创新发展。其汇聚了大量的创新资源,并且具有创新发展的潜力,这些区域应逐步摆脱技术引进、技术模仿对外部技术的依赖,积极推进以创新为主流的产业发展模式,从根本上提高产业以及区域创新能力乃至国际竞争力的水平,引领中国创新走向发展高端的关键阶段。

二、中国弱势地区自主创新的实现路径

欠发达地区包括除上述优势地区以外的区域,一般处于中国的内陆及边远地区,经济发展相对缓慢,技术水平相对落后,具体来说,这些创新区域的特征是:创新与经济增长的互动关系不强,表现在经济实力较为强大的省份,例如,山东和浙江,是中国的经济大省,GDP 排名分别为中

---

① 纪宝成,赵彦云. 中国走向创新型国家的要素:来自创新指数的依据 [M]. 北京:中国人民大学出版社,2008:94-101.

国第二和第四,但是其创新的基础条件却与其经济实力不相符,这说明技术进步并不是经济增长的主要动力,特别是西部省区,由于这些地区的生活和生产条件不如发达地区优越,导致经济发展水平远远落后于中、东部地区,并且这些地区基本生存条件的恶化导致了大量科技人员的流失和教育水平的落后,从而使这些地区的创新基础十分薄弱;高新技术企业在这些地区总数中所占份额较小,而且在科技人员的投入、新产品投入和产出方面都显得十分不足;弱势地区在进行创新时,更多地关注新工艺、新技术的改造,而对人员的培训和国外技术的引进并没有显示出太大兴趣,可见其在创新链条中还处于最低级的阶段,随着企业规模的扩大必须提高创新等级。

从总体上来说,弱势地区的创新能力较差,各项因素与强势地区相比存在较大差距,首先,这些地区应从总量上加大投入力度。弱势地区由于历史和现实的原因在各种创新资源的投入方面与强势地区存在较大差距,因此,需要各方资源的竭力帮助,而政府应首当其冲,加大财政支持力度,发挥好引导作用,对各种创新活动给予适当的政策优惠和资金支持,使其有足够的力量能够放手进行创新。其次,应进一步完善创新结构。在其投入主体中,虽然企业占了较大部分,但相对来说,政府、科研机构,尤其是金融机构的贡献太小,这种不合理的结构对今后的发展不利,因此,应调整各种企业类型结构的分布,使有创新行为的企业成为市场的主体。

第三节　中国自主创新实现路径的制度支持

新制度经济学探讨制度创新与技术创新相互关系时认为:一是制度创新决定技术创新,好的制度选择会促进技术创新,不好的制度选择会将技术创新引离经济发展的轨道,或遏制技术创新,前者决定了后者,后者对

第七章 中国自主创新的实现路径

前者也有影响。例如,诺斯指出,技术创新活动中存在个人收益与社会收益的巨大差距,这使个人的积极性大大降低。倘若产权未能得到界定和保护,则创新者的积极性只能依赖于一点零星的自发性。因此,诺斯认为,社会的技术和知识存量决定了产量的上限,而实际产量还要受制度的约束。改进技术的持续努力只有通过建立一个能持续激励人们创新的产权制度以提高私人收益才会出现。在解释为什么现代意义上的经济增长首先发生在荷兰和英国时,诺斯认为,在这两个国家,持久的经济增长都起因于一种适宜所有权演进的环境,这种环境促进了从继承权完全无限制的土地所有制、自由劳动力、保护私有财产、专利法和其他对知识财产所有制的激励措施直到一套旨在减少产品和资本市场缺陷的制度安排,并在此基础上提出了制度是经济增长的决定性因素。因此,技术创新并不是一个单纯的技术问题或投资问题,技术创新的制度环境对技术创新的作用更为重要。二是技术创新对改变制度安排的收益和成本具有普遍性影响。这主要表现在:技术创新对改变制度安排的利益有普遍的影响;技术创新不仅增加了制度安排改变的潜在利润,而且降低了某些制度安排的操作成本;由技术创新所释放的新收入流是制度变迁的一个重要原因。

在自主创新进程中,技术进步是制度变革的首要力量,制度在技术的推动下变革和发展;而创新后的制度又反过来对技术进步以决定性的推动,使其迅猛发展,制度对自主创新起着支撑作用。本小节将从财政、风险投资、国家创新体系三个方面分析中国自主创新实现路径的制度支持。

一、中国自主创新财政供给制度及完善

改革开放以来,国家出台了一系列的技术创新政策。从财政政策方面来看,国家对自主创新的财政拨款和税收优惠的支持力度不断加大,政府采购的政策也在不断创新。但是,随着中国自主创新实现路径的阶段性的变化,中国的一些财政政策需要做出调整。

中国促进技术创新的税收政策一般都是优惠型的。在税收政策中，只要是被认定为高新技术企业或只要销售被认定是高新技术产品，就可以享受所得税或增值税的优惠，而不管企业研发活动的差别，不管企业研发投入的多少，企业一律享受同等优惠。这种政策对自主创新的激励性较差，不仅无法激励企业从事更多的研发活动，反而使企业把资源更多地用于获取高新认定的资格上。同时，进行税收优惠的对象仅限定于高新技术企业或产品，对其他企业会造成不公平待遇。整个社会经济中也存在大量的别的企业进行研发活动，这些企业却享受不到税收优惠，所以，中国的税收优惠政策应当尽快调整为激励性税收政策。

中国政府采购数额不断增长，成为高技术市场的重要支撑力量。目前中国政府采购主要是以保护国内产业为主，这种政策极不利于中国自主创新，在中国加入 WTO 后逐步履行《政府采购协议》，中国政府采购逐步走向市场化的趋势之下，中国必须尽快转变政府采购的职能，由保护型采购转变为激励型采购，建立起充满竞争活力、同时具有研发激励功能的政府采购机制，逐步建立与国际接轨的政府采购制度。政府直接资助技术研发和为其拨款一直是主要的财政政策工具，但这种工具对自主创新的激励程度不大，必须使国家的这种资助向自主创新激励型转变。

二、中国自主创新风险投资制度及完善

融资难已经成为中国企业自主创新的一大不利因素。政府必须通过建立和完善各类金融服务市场及创新金融工具，扩大投融资渠道，制定促进企业自主创新的政策措施，包括风险投资、证券融资、资金信贷、"中小企业板"、技术产权交易市场和中小企业担保基金等。作为激励创新的融资机制，风险投资并不仅是给自主创新提供资金，还在项目启动、成果转化、市场开拓等方面发挥重要的作用。在借鉴国外风险投资发达国家经验的基础上，根据中国实际国情，对自主创新风险投资制度的完善有以下四

点建议：

1. 政府通过股权投资的方式参与风险投资

具体来说，可以有多种实现方式。如政府直接出资组建创业投资公司，该种方式在国外高新技术产业发展方面发挥了重要作用。也可以采用股权担保的方式，这种方式可以降低投资者的投资风险，并对投资者的部分损失提供补偿，从而保证投资者进行创业投资的积极性。还可以采用贷款担保的方式，该方式是指政府为金融机构发放贷款的一定比例提供担保，促使金融机构向有潜力但无法达到抵押贷款标准的中小企业提供贷款。其实质是创业创新企业借用政府信誉来融资的一种方式，这样可以带动更多的金融机构和社会闲散资金投入到自主创新企业中去，使其获得的融资额高出一般方式融资额的 10~15 倍。

2. 完善风险投资的法律环境，从多方面为创新投资发展创造良好的制度环境和制度保证

国外风险投资的经验表明，风险吸纳机构投资者进入风险投资领域是风险投资成功的保证之一。之所以如此，是因为机构投资者的加入使风险投资领域更加活跃。同时，为了吸引风险投资资金的进一步流入，扩大风险投资规模，政府应该完善相关法律法规，适当放松对养老保险基金的管制，促使风险资本市场保持活跃。

3. 加强风险投资的组织机制建设

理清风险投资家、风险投资公司和投资者之间的权利和义务关系、日常行为规范，合理制定报酬分配机制，在借鉴国外经验和教训的基础上，努力创新风险投资的组织形式。

4. 创新金融工具

加快社会信用评级体系建设，在完善评级标准和评级制度的基础上，发行专门针对科技型中小企业的企业债券，拓宽企业自主创新活动的债权融资渠道。同时，加快债券品种创新，探索高新技术企业发行债券的新途径。

三、中国国家创新体系构建的对策和建议

20世纪90年代以来,世界经济进入了向知识经济转变的时代,创新已经成为经济增长、产业发展、企业竞争力增强以及人们生活水平和质量改善的主要推动力,在这种背景下,国家创新系统理论应运而生。国家创新系统理论的宏观学派认为,一个国家要实现经济的追赶和跨越,必须将技术创新与政府职能结合起来,形成国家创新系统,从长远的、动态的规划出发,充分发挥政府提供公共产品的职能,推动产业和企业的技术不断创新。面对知识经济的蓬勃兴起,能否建立一个高效的、富有活力的国家创新体系,已是中国自主创新的关键之所在。目前中国科技人力资源总量达3500万人,居世界第一位,形成了规模宏大的科技人才队伍。科技投入规模不断提高,科技体制改革不断深化,企业在技术创新中的主体地位逐渐增强,国家创新体系建设进展顺利。但是,应当看到,目前中国国家创新体系建设,特别是体制建设和网络结构,都还存在许多问题,主要表现在:大多数企业尤其是国有企业的经营仍然以生产为核心,没有走上以创新求发展的道路,更没有成为真正的自主创新的主体,政府对中小企业、非国有经济的技术创新活动重视不够;传统的科研体系仍然没有得到根本性的改变,致使科技力量的利用率不高;缺乏有效投融资机制,金融等各部门尚未把推动企业创新放在其工作的首位,缺乏风险基金,造成技术创新投入不足;技术创新政策不配套,相互独立,使有限的技术创新投入发挥不了最大效益,特别是面向企业的技术发展计划与面向科研机构的科技攻关计划缺乏协调,形不成推动企业创新的合力;人才政策不合理,人才流动受到制约,影响了企业自主创新。

借鉴国外经验并结合中国实际,笔者认为,中国的国家创新体系建设应注意以下四个方面:

1. 使企业真正成为技术创新的主体

企业是市场经济活动的主体，技术进步的机制也只能是市场机制。中国在长期的计划经济体制的影响下，造成了政企不分的局面，某些企业主要是国有企业成为政府附属物的问题还没有得到根本解决。另外，由于历史的原因，科研机构与企业之间的合作性不强，致使自主创新成果难以转化为现实生产力。因此，中国政府在推进科技进步中，应积极支持并组织公共科研机构搞好基础科学研究，支持协调有关机构和企业联合从事产业共性技术的开发，为企业产品和工艺开发营造良好的环境，提供必要的政策支持，制定中长期科技计划为产业和企业技术发展提供指导方向。

2. 切实提高产业创新能力

产业技术创新能力是国家科技创新能力的关键。提高产业技术创新能力主要从技术创新的投入和产出两个方面来衡量。目前来看，中国产业技术创新能力不容乐观，无论是技术创新经费投入、生产设备技术水平、技术创新人员，还是新产品产值和专利情况、产品市场占有率、出口竞争力、技术进步贡献率等方面，虽然近几年来有所进步，但与发达国家相比还存在很大的差距。针对这些问题，国家要切实加强产业技术创新的宏观管理，认真选择面向产业的科技计划，解决战略产业的选择、重点产业的扶植问题，特别是在中国有优势、产业关联度大、市场前景看好以及有利于解决国民经济重点、难点、热点问题的产业领域，要集中力量，协同攻关，取得突破，以点带面提高整个产业的创新能力。具体地说，要突出电子信息等新技术产业领域的自主创新，培育新的增长点；要加速传统产业的技术升级，注重电子信息技术在金融、咨询、贸易、文化等服务领域的应用与推广。

3. 注意营造自主创新的文化氛围建设

在市场经济条件下，任何经济活动都要受到市场这只"看不见的手"的支配，自主创新也不例外，但是文化氛围也相当于一只"看不见的手"，它潜移默化地影响着人们的思想意识，而思想又决定了人们行事的态度和方式，它的作用虽然是间接的，但是却更加持久、深远。中国进行自主创新，就是要在全社会树立创新意识、风险意识，增强对新生事物的敏感性和接受能力，营造蓬勃向上、勇于开拓、敢于创新、不惧失败的文化气息。

4. 把人才培育置于创新的基础层面的重要地位来建设

自主创新的实践归根结底是由人来完成的，所以高素质的人才是成功实现自主创新的关键。在新的历史时期和新的历史阶段，发展教育和实现科技创新目标在自主创新这一主题上得到统一，这是加速实施创新型国家，全面提升国际竞争力的重要举措。加快发展教育事业，就是把中国巨大的人口压力转化为人力资源优势。增加教育投入，加快教育内容、教育体制、教育方法等诸方面的改革步伐。要特别加强科技教育，提供国民科技素质，同时加强技术类基础设施建设。政府应大力投资于教育、卫生和其他公共福利领域以改善劳动者素质，加速人力资本的积累。

附录1 中国 2009~2017 年三种专利申请受理量

单位：项

指标＼年份	2017	2016	2015	2014	2013	2012	2011	2010	2009
专利申请受理量	3697800	3464824	2798500	2361243	2377061	2050649	1633347	1222286	976686
发明专利申请受理量	1381594	1338503	1101864	928177	825136	652777	526412	391177	314573
国内发明专利申请受理量	1245709	1204981	968251	801135	704936	535313	415829	293066	229096
职务发明专利申请受理量	1043770	982971	776117	648023	571073	428427	324224	223754	172181
大专院校发明专利申请受理量	179879	173049	133645	111993	98509	75688	63028	48294	37965
科研单位发明专利申请受理量	53308	55076	44545	39625	36582	29518	25222	18254	14332
企业发明专利申请受理量	788194	735533	582512	484747	426544	316414	231551	154581	118257
机关团体发明专利申请受理量	22389	19313	15415	11658	9438	6807	4423	2625	1627
非职务发明专利申请受理量	201939	222010	192134	153112	133863	106886	91605	69312	56915
国外发明专利申请受理量	135885	133522	133613	127042	120200	117464	110583	98111	85477

续表

指标＼年份	2017	2016	2015	2014	2013	2012	2011	2010	2009
职务发明专利申请受理量	132883	130699	130838	124362	117654	114700	107899	95517	82647
非职务发明专利申请受理量	3002	2823	2775	2680	2546	2764	2684	2594	2830
实用新型专利申请受理量	1687593	1475977	1127577	868511	892362	740290	585467	409836	310771
国内实用新型专利申请受理量	1679807	1468295	1119714	861053	885226	734437	581303	407238	308861
职务实用新型专利申请受理量	1348590	1135997	858743	653904	633446	512203	387591	242479	169413
大专院校实用新型专利申请受理量	135481	124155	89077	60369	55997	39999	32641	18223	13764
科研单位实用新型专利申请受理量	22089	21535	18830	15044	14360	12786	10512	7474	6022
企业实用新型专利申请受理量	1158372	964644	730865	565757	551056	450002	336298	212081	147618
机关团体实用新型专利申请受理量	32648	25663	19971	12734	12033	9416	8140	4701	2009
非职务实用新型专利申请受理量	331217	332298	260971	207149	251780	222234	193712	164759	139448
国外实用新型专利申请受理量	7786	7682	7863	7458	7136	5853	4164	2598	1910
职务实用新型专利申请受理量	7198	7013	7323	6985	6666	5482	3772	2248	1612
非职务实用新型专利申请受理量	588	669	540	473	470	371	392	350	298
外观设计专利申请受理量	628658	650344	569059	564555	659563	657582	521468	421273	351342
国内外观设计专利申请受理量	610817	631949	551281	548428	644398	642401	507538	409124	339654

附录1 中国2009~2017年三种专利申请受理量

续表

指标＼年份	2017	2016	2015	2014	2013	2012	2011	2010	2009
职务外观设计专利申请受理量	339869	325655	268214	271127	350551	352686	250529	192337	141457
大专院校外观设计专利申请受理量	20825	17310	12440	11607	13150	16961	14467	12815	9850
科研单位外观设计专利申请受理量	1183	1663	1101	1192	2090	2815	2176	1234	917
企业外观设计专利申请受理量	315201	304160	252374	255962	332458	330804	231586	173338	128424
机关团体外观设计专利申请受理量	2660	2522	2299	2366	2853	2106	2300	4950	2266
非职务外观设计专利申请受理量	270948	306294	283267	277301	293847	289715	257009	216787	198197
国外外观设计专利申请受理量	17841	18395	17578	16127	15165	15181	13930	12149	11688
职务外观设计专利申请受理量	16899	17248	16637	15183	14289	14456	13315	11535	10972
非职务外观设计专利申请受理量	942	1147	941	944	876	725	615	614	716

资料来源：国家统计局，http://data.stats.gov.cn/.

附录2 中国 2009~2017 年三种专利申请授权量

单位：项

指标＼年份	2017	2016	2015	2014	2013	2012	2011	2010	2009
专利申请授权量	1836400	1753763	1718192	1302687	1313000	1255138	960513	814825	581992
发明专利申请授权量	420144	404208	359316	233228	207688	217105	172113	135110	128489
国内发明专利申请授权量	326970	302136	263436	162680	143535	143847	112347	79767	65391
职务发明专利申请授权量	303577	276007	238818	146172	126860	125954	95069	66149	52265
大专院校发明专利申请授权量	75693	62311	57196	38317	33309	33821	26616	19036	14391
科研单位发明专利申请授权量	22369	20109	19243	13573	12284	11248	9238	6557	5299
企业发明专利申请授权量	200804	189564	158620	91874	79439	78651	58364	40049	32160
机关团体发明专利申请授权量	4711	4023	3759	2408	1828	2234	851	507	415
非职务发明专利申请授权量	23393	26129	24618	16508	16675	17893	17278	13618	13126
国外发明专利申请授权量	93174	102072	95880	70548	64153	73258	59766	55343	63098

附录2 中国2009~2017年三种专利申请授权量

续表

指标＼年份	2017	2016	2015	2014	2013	2012	2011	2010	2009
职务发明专利申请授权量	91817	100466	94325	69301	62991	71871	58541	54169	61422
非职务发明专利申请授权量	1357	1606	1555	1247	1162	1387	1225	1174	1676
实用新型专利申请授权量	973294	903420	876217	707883	692845	571175	408110	344472	203802
国内实用新型专利申请授权量	967416	897035	868734	699971	686208	566750	405086	342256	202113
职务实用新型专利申请授权量	825126	734885	687372	564055	512203	410763	271345	209275	110625
大专院校实用新型专利申请授权量	83497	77166	68827	47600	43085	33389	21190	16002	9166
科研单位实用新型专利申请授权量	14617	13908	13680	12238	11319	7754	8016	7074	4503
企业实用新型专利申请授权量	713043	631299	592771	497268	451662	359990	236959	183289	95407
机关团体实用新型专利申请授权量	13969	12512	12094	6949	6137	9630	5180	2910	1549
非职务实用新型专利申请授权量	142290	162150	181362	135916	174005	155987	133741	132981	91488
国外实用新型专利申请授权量	5878	6385	7483	7912	6637	4425	3024	2216	1689
职务实用新型专利申请授权量	5434	5962	7030	7451	6233	4085	2662	1903	1400
非职务实用新型专利申请授权量	444	423	453	461	404	340	362	313	289
外观设计专利申请授权量	442996	446135	482659	361576	412467	466858	380290	335243	249701
国内外观设计专利申请授权量	426442	429710	464807	346751	398670	452629	366428	318597	234282

· 149 ·

续表

指标＼年份	2017	2016	2015	2014	2013	2012	2011	2010	2009
职务外观设计专利申请授权量	235520	221633	249538	189210	233534	262217	192958	146407	99332
大专院校外观设计专利申请授权量	11231	10283	10311	6571	8644	10073	8678	8115	4390
科研单位外观设计专利申请授权量	819	903	728	769	1275	850	523	637	467
企业外观设计专利申请授权量	222582	209495	237326	181188	221575	246879	179464	135680	90754
机关团体外观设计专利申请授权量	888	952	1173	682	2040	4415	4293	1975	3721
非职务外观设计专利申请授权量	190922	208077	215269	157541	165136	190412	173470	172190	134950
国外外观设计专利申请授权量	16554	16425	17852	14825	13797	14229	13862	16646	15419
职务外观设计专利申请授权量	15575	15566	16878	14021	13116	13608	13250	15851	14852
非职务外观设计专利申请授权量	979	859	974	804	681	621	612	795	567

资料来源：国家统计局，http：//data.stats.gov.cn/.

附录3 世界主要国家2009~2017年专利申请授权数

单位：项

指标＼年份	2017	2016	2015	2014	2013	2012	2011	2010	2009
日本专利申请授权数	36224	40571	43435	33955	29830	35403	30637	29516	33804
马来西亚专利申请授权数	68	92	127	95	63	96	76	124	102
新加坡专利申请授权数	851	585	489	370	334	403	306	345	234
泰国专利申请授权数	55	37	27	26	20	16	17	41	21
韩国专利申请授权数	11107	10672	9421	6812	6031	6941	6631	7117	7950
塞浦路斯专利申请授权数	25	34	13	21	12	27	32	12	16
印度专利申请授权数	162	234	241	157	118	113	86	77	102
摩纳哥专利申请授权数	4	4	5	5	4	5	4	2	15
南非专利申请授权数	72	60	79	67	75	84	48	43	59
德国专利申请授权数	13405	14585	13192	9440	8623	8702	7098	6451	6658

续表

指标 \ 年份	2017	2016	2015	2014	2013	2012	2011	2010	2009
荷兰专利申请授权数	2632	2899	2658	2304	2187	2440	2228	2177	2523
英国专利申请授权数	2110	2222	2191	1584	1520		1271	1164	1266
瑞士专利申请授权数	3317	3934	3424	2820	2293	2539	2041	1932	1729
丹麦专利申请授权数	722	804	821	698	629	574	468	466	423
匈牙利专利申请授权数	22	24	25	23	33	24	23	15	14
奥地利专利申请授权数	920	855	786	572	412	381	342	274	294
比利时专利申请授权数	587	628	612	445	494	537	395	292	258
法国专利申请授权数	4185	4944	4441	3556	3475	3345	2528	2690	3004
挪威专利申请授权数	205	219	238	185	173	177	146	129	163
俄罗斯联邦专利申请授权数	145	150	153	144	97	113	86	89	84
卢森堡专利申请授权数	221	258	233	178	144	175	62	74	69
列支敦士登专利申请授权数	135	153	125	56	58	79	88	86	179
西班牙专利申请授权数	381	378	414	370	279	288	307	297	232
捷克专利申请授权数	127	89	124	70	80	110	59	62	81
波兰专利申请授权数	57	66	44	46	28	43	36	16	22

附录3　世界主要国家2009~2017年专利申请授权数

续表

指标＼年份	2017	2016	2015	2014	2013	2012	2011	2010	2009
爱尔兰专利申请授权数	211	204	191	157	120	134	100	78	56
芬兰专利申请授权数	952	1036	1027	809	790	939	679	752	852
意大利专利申请授权数	1843	1933	1769	1538	1463	1542	1342	1303	1291
瑞典专利申请授权数	1860	1813	1777	1494	1465	1689	1250	1186	1189
以色列专利申请授权数	503	519	453	361	352	345	228	168	188
巴西专利申请授权数	102	119	156	148	99	114	77	94	80
美国专利申请授权数	28776	30817	28842	22040	20666	20160	15822	14938	15273
加拿大专利申请授权数	830	908	874	760	721	812	677	677	599
新西兰专利申请授权数	153	139	131	88	92	79	61	86	92
澳大利亚专利申请授权数	639	682	766	517	584	670	481	604	577

资料来源：国家统计局，http://data.stats.gov.cn/.

附录4 世界主要国家2009~2017年发明专利申请授权数

单位：项

指标＼年份	2017	2016	2015	2014	2013	2012	2011	2010	2009
日本发明专利申请授权数	31090	34967	36418	26501	22609	28847	25387	23890	27897
马来西亚发明专利申请授权数	31	47	53	39	30	34	23	27	23
新加坡发明专利申请授权数	471	400	343	238	168	237	196	230	134
泰国发明专利申请授权数	10	17	17	7	4	6	9	8	3
韩国发明专利申请授权数	7857	7410	6262	4627	4271	5320	4882	5168	6476
塞浦路斯发明专利申请授权数	15	20	9	12	7	12	11	10	16
印度发明专利申请授权数	134	196	198	128	99	95	58	51	81
摩纳哥发明专利申请授权数	3	3	3	5	3	4	4	2	6
南非发明专利申请授权数	52	50	61	52	47	72	44	34	47
德国发明专利申请授权数	11240	12593	10533	7250	6589	7058	5442	4609	5054

附录4 世界主要国家2009~2017年发明专利申请授权数

续表

指标＼年份	2017	2016	2015	2014	2013	2012	2011	2010	2009
荷兰发明专利申请授权数	2278	2551	2284	1919	1862	2091	1817	1712	2128
英国发明专利申请授权数	1449	1566	1414	1018	1047		857	734	825
瑞士发明专利申请授权数	2453	2847	2580	1950	1745	1898	1471	1317	1245
丹麦发明专利申请授权数	570	654	636	512	431	449	334	257	280
匈牙利发明专利申请授权数	21	20	22	23	29	15	18	13	13
奥地利发明专利申请授权数	832	769	690	431	302	308	239	205	215
比利时发明专利申请授权数	493	556	499	388	410	461	328	249	229
法国发明专利申请授权数	3382	3889	3503	2678	2602	2632	2006	1926	2200
挪威发明专利申请授权数	172	196	202	142	153	151	109	97	139
俄罗斯联邦发明专利申请授权数	96	102	89	70	41	59	49	46	49
卢森堡发明专利申请授权数	149	165	142	108	97	104	33	42	29
列支敦士登发明专利申请授权数	101	111	89	36	35	52	43	41	41
西班牙发明专利申请授权数	224	253	234	195	170	152	150	102	108
捷克发明专利申请授权数	27	22	14	14	17	23	15	10	9
波兰发明专利申请授权数	37	48	36	27	17	6	6	5	9

续表

指标＼年份	2017	2016	2015	2014	2013	2012	2011	2010	2009
爱尔兰发明专利申请授权数	195	189	171	124	110	127	76	59	38
芬兰发明专利申请授权数	814	892	852	645	606	783	545	539	674
意大利发明专利申请授权数	1123	1265	1156	879	830	898	793	719	757
瑞典发明专利申请授权数	1376	1516	1495	1155	1158	1397	1020	902	895
以色列发明专利申请授权数	423	430	365	244	243	197	151	125	161
巴西发明专利申请授权数	73	84	88	60	54	55	34	37	37
美国发明专利申请授权数	23673	25637	23157	17401	16674	16776	12334	10985	12158
加拿大发明专利申请授权数	667	798	731	576	570	605	490	440	461
新西兰发明专利申请授权数	88	83	73	41	46	60	43	46	62
澳大利亚发明专利申请授权数	383	479	458	311	366	353	280	314	322

资料来源：国家统计局，http://data.stats.gov.cn/.

附录5 世界主要国家2009~2017年实用新型专利申请授权数

单位：项

指标＼年份	2017	2016	2015	2014	2013	2012	2011	2010	2009
日本实用新型专利申请授权数	1598	2052	2799	3420	3056	1808	780	437	374
马来西亚实用新型专利申请授权数	15	15	14	17	8	16	7	19	13
新加坡实用新型专利申请授权数	330	117	61	42	58	52	22	22	27
泰国实用新型专利申请授权数	6	3	3	9	3		3	3	3
韩国实用新型专利申请授权数	624	580	470	280	267	176	243	201	93
塞浦路斯实用新型专利申请授权数	2	5	3	4	1			1	
印度实用新型专利申请授权数	12	6	9	14	3	3	5	2	2
摩纳哥实用新型专利申请授权数		1	1						
南非实用新型专利申请授权数	3		5	3	2	1	1	3	5
德国实用新型专利申请授权数	606	604	920	813	580	393	281	194	146

续表

指标\年份	2017	2016	2015	2014	2013	2012	2011	2010	2009
荷兰实用新型专利申请授权数	71	81	86	72	61	36	34	36	20
英国实用新型专利申请授权数	99	83	102	105	122		73	30	29
瑞士实用新型专利申请授权数	166	194	185	245	128	133	103	75	19
丹麦实用新型专利申请授权数	18	33	38	43	20	10	15	8	11
匈牙利实用新型专利申请授权数		3	2		1	4	3	1	1
奥地利实用新型专利申请授权数	41	28	26	54	44	14	19	13	13
比利时实用新型专利申请授权数	25	27	23	22	10	15	9	4	2
法国实用新型专利申请授权数	196	247	274	263	242	200	60	60	33
挪威实用新型专利申请授权数	6	6	4	15	1	3	2	1	
俄罗斯联邦实用新型专利申请授权数	19	17	32	39	26	15	25	20	23
卢森堡实用新型专利申请授权数	9	13	20	9	1	17	5	13	17
列支敦士登实用新型专利申请授权数	2	5	1			1			
西班牙实用新型专利申请授权数	21	21	32	20	14	11	16	13	19
捷克实用新型专利申请授权数	9	4	12	6	15	4	5	1	2
波兰实用新型专利申请授权数	1	3	1	5	4		1		

附录5　世界主要国家 2009~2017 年实用新型专利申请授权数

续表

指标＼年份	2017	2016	2015	2014	2013	2012	2011	2010	2009
爱尔兰实用新型专利申请授权数	3	4	7	9	4	3	5	3	1
芬兰实用新型专利申请授权数	47	55	59	77	90	36	41	20	9
意大利实用新型专利申请授权数	121	141	74	76	57	37	53	35	26
瑞典实用新型专利申请授权数	44	45	49	68	66	71	46	22	22
以色列实用新型专利申请授权数	18	28	33	31	47	64	17	2	2
巴西实用新型专利申请授权数	17	8	8	15	11	8	8	6	8
美国实用新型专利申请授权数	1487	1719	1844	1838	1406	1020	929	797	612
加拿大实用新型专利申请授权数	49	33	46	40	51	32	32	21	21
新西兰实用新型专利申请授权数	11	14	13	10	7	2	4	6	3
澳大利亚实用新型专利申请授权数	64	50	71	58	46	49	33	25	25

资料来源：国家统计局，http：//data.stats.gov.cn/.

附录6 世界主要国家2009~2017年外观设计专利申请授权数

单位：项

指标＼年份	2017	2016	2015	2014	2013	2012	2011	2010	2009
日本外观设计专利申请授权数	3536	3552	4218	4034	4165	4748	4470	5189	5533
马来西亚外观设计专利申请授权数	22	30	60	39	25	46	46	78	66
新加坡外观设计专利申请授权数	50	68	85	90	108	114	88	93	73
泰国外观设计专利申请授权数	39	17	7	10	13	10	5	30	15
韩国外观设计专利申请授权数	2626	2682	2689	1905	1493	1445	1506	1748	1381
塞浦路斯外观设计专利申请授权数	8	9	1	5	4	15	21	1	
印度外观设计专利申请授权数	16	32	34	15	16	15	23	24	19
摩纳哥外观设计专利申请授权数	1		1		1	1			9
南非外观设计专利申请授权数	17	10	13	12	26	11	3	6	7
德国外观设计专利申请授权数	1559	1388	1739	1377	1454	1251	1375	1648	1458

附录6　世界主要国家2009~2017年外观设计专利申请授权数

续表

指标＼年份	2017	2016	2015	2014	2013	2012	2011	2010	2009
荷兰外观设计专利申请授权数	283	267	288	313	264	313	377	429	375
英国外观设计专利申请授权数	562	573	675	461	351		341	400	412
瑞士外观设计专利申请授权数	698	893	659	625	420	508	467	540	465
丹麦外观设计专利申请授权数	134	117	147	143	178	115	119	201	132
匈牙利外观设计专利申请授权数	1	1	1		3	5	2	1	
奥地利外观设计专利申请授权数	47	58	70	87	66	59	84	56	66
比利时外观设计专利申请授权数	69	45	90	35	74	61	58	39	27
法国外观设计专利申请授权数	607	808	664	615	631	513	462	704	771
挪威外观设计专利申请授权数	27	17	32	28	19	23	35	31	24
俄罗斯联邦外观设计专利申请授权数	30	31	32	35	30	39	12	23	12
卢森堡外观设计专利申请授权数	63	80	71	61	46	54	24	19	23
列支敦士登外观设计专利申请授权数	32	37	35	20	23	26	45	45	138
西班牙外观设计专利申请授权数	136	104	148	155	95	125	141	182	105
捷克外观设计专利申请授权数	91	63	98	50	48	83	39	51	70
波兰外观设计专利申请授权数	19	15	7	14	7	37	29	11	13

续表

指标 \ 年份	2017	2016	2015	2014	2013	2012	2011	2010	2009
爱尔兰外观设计专利申请授权数	13	11	13	24	6	4	19	16	17
芬兰外观设计专利申请授权数	91	89	116	87	94	120	93	193	169
意大利外观设计专利申请授权数	599	527	539	583	576	607	496	549	508
瑞典外观设计专利申请授权数	440	252	233	271	241	221	184	262	272
以色列外观设计专利申请授权数	62	61	55	86	62	84	60	41	25
巴西外观设计专利申请授权数	12	27	60	73	34	51	35	51	35
美国外观设计专利申请授权数	3616	3461	3841	2801	2586	2364	2559	3156	2503
加拿大外观设计专利申请授权数	114	77	97	144	100	175	155	216	117
新西兰外观设计专利申请授权数	54	42	45	37	39	17	14	34	27
澳大利亚外观设计专利申请授权数	192	153	237	148	172	268	168	265	230

资料来源：国家统计局，http：//data.stats.gov.cn/.

参考文献

[1] Acs Z. G., Feldman M. P. Real Effects of Academic Research: Comment [J]. American Economic Review, 1992 (82): 363-367.

[2] Arnold Heertje and Mark Perllnan (Eds.). Evolving Technology and Market Structure [M]. New York: University of Miehigan Press, 1990.

[3] Arrow K. J. The Economic Implications of Learning by Doing [J]. Review of Economic Studies, 1962 (29): 155-173.

[4] Aurora T. and Natereia F. Hurnan Capital, Innovation Capability and Economic Growth (Portugal, 1960-2001) [C]. FEP Working Paper, 2003: 131.

[5] Bala Ramasamy, K. W. Goh and Matthew C. H. Yeung. Is Guanxi (relationship) a Bridge to Knowledge Transfer? [J]. Journal of Business Research, 2006 (59): 1350-1394.

[6] Baptista R. Do Innovations Diffuse Faster within Geographical Clusters? [J]. International Journal of Industrial Organization, 2000 (18): 515-535.

[7] Barro R. J. Economic Growth in across-seetion of Countries [J]. The Quarterly Journal of Economics, 1991 (106): 407-443.

[8] Barry Bozeman, Albert N. Link: Tax Incentives for R&D: A Critical Evaluation [J]. Researeh Policy, 1984 (13): 587-599.

[9] Bengt-AkeLundvall. User- Producer Relationships, National Systems

of Innovation and Internationalization [M]. London: Pinter Publishers, 1996: 18-25.

[10] Billam Clinton. Technology for All Lerica's Economic Growth [M]. Washington: Prouserr Publishers, 1993: 566-589.

[11] Cassiman B. and Veugelers. R&D Cooperation and Spillovers: Some Empirical Evidence from Belgium [J]. American Economic Review, 2002 (92): 1169-1184.

[12] Chris Freeman. Innovation and Growth [M]. New York: Handbook of Industrial Innovation Press, 1994: 123-145.

[13] Christopher Freeman. The Economics of Industrial Innovation [M]. Cambridge: The MTT Press, 1982: 345-356.

[14] Chung W. and Kalnins. A Glomeration Effects and Performance: A Test of the Texas Loding Industry [J]. Strategic Management Journal, 2001 (22): 456-478.

[15] Jorgensong D. W, Griliehes. The Explanation of Productivity Change [J]. Review of Economic Studies, 1972 (34): 121-134.

[16] Daniele Alehibugi and Onarhan Miehie. Technological Globalization or Nation Systems of Innovations in Futures [J]. American Economic Review, 1997 (29): 657-688.

[17] Darroch J. , McNaughton R. Beyond Market Orientation: Knowledge Management and the Innovativeness of New Zealand Firms [J]. European Journal of Marketing, 2003 (37): 572-593.

[18] David K. and Frank W. Collective Learning and Knowledge Development in the Evolution of Regional Clusters of High Technology Small and Medium-sized Enterprises in Europe [J]. Regional Studies, 1999 (334): 9-20.

[19] Devendra Sahal. Alternative Conceptions of Technology [J]. Research Policy, 1981 (10): 234-256.

[20] Divid C. Movery. The U. S. National Innovation System: Origins and Prospects for Change [J]. Research Policy, 1992 (21): 125-144.

[21] Elisa Giuliani. Cluster Absorptive Capacity — Why Do Some Clusters Forge ahead and Others Lag Behind? [J]. European Urban and Regional Studies, 2005 (12): 269-288.

[22] G. Houttn. Demand Oriented Instruments in Innovation Policy: Government-and Regulation [J]. Gerry Sweeney: Innovation Policies, 2001 (2): 69-87.

[23] Hugh M. , et al. Patterns in the Diffusion of Strategies across Organizations [J]. Academic of Management Review, 1998, 23 (1): 98-115.

[24] Inzerilli G. The Italian Alternative: Flexible Organization and Social Management [J]. International Studies of Management & Organization, 1990 (20): 6-21.

[25] Jorgensong D. W, Griliehes. Issues in Growth Accounting : A Reply to Edward F. Denson [J]. Survey of Current Business, 1998 (5): 52-55.

[26] Mansfield E. , Rapoport J. , Romeo A. , et al. Social and Private Rates of Return from Industrial Innovations [J]. Quarterly Journal of Economics, 1977 (4): 77-80.

[27] Maxine Robertson. The Role of Networks in the Diffusion of Technology Innovation [J]. Journal of Management Studies, 1996 (33): 27-48.

[28] Michael E. Porter. Clusters and the New Economics of Competition [J]. Harvard Business Review, 1998 (33): 327-418.

[29] Mowery David Cetal. Inward Technology Transfer and Competitiveness: The Role of National Innovation System [J]. Cambridge Journal of Economics, 1995 (19): 67-93.

[30] Sharmistha Bagehisen. The Small and Medium – sized Exporters' Problems: An Empirical Analysis of Canadian Manufacturing [J]. Regional

Studies，1999（333）：231-243.

[31] Spence M. Cost Reduction, Competition, and Industry Performance [J]. Economet, 1984 (52): 798-799.

[32] Steven Sietal. Knowledge Transfer in International Joint Ventures in Transitional Economics: The China Experience [J]. The Academy of Management Exceptive, 1999, 13 (1): 83-93.

[33] [韩] 金麟洙. 从模仿到创新——韩国技术学习的动力 [M]. 刘小梅, 刘宏基译. 北京: 新华出版社, 1998: 55-88.

[34] [荷] 范·杜因. 经济长波与创新 [M]. 刘守英等译. 上海: 上海译文出版社, 1993: 35-36.

[35] [美] G. 多西. 技术进步与经济理论 [M]. 钟学义等译. 北京: 经济科学出版社, 1992: 98-108.

[36] [美] 阿尔文·托夫勒. 第三次浪潮 [M]. 黄明坚译. 北京: 新华出版社, 1997: 55-61.

[37] [美] 本·斯泰尔, 戴维·维克托, 理查德·内尔森. 技术创新与经济绩效 [M]. 浦东新区科学技术局, 浦东产业经济研究院译. 上海: 上海人民出版社, 2006: 14.

[38] [美] 达尔·尼夫. 知识经济 [M]. 樊春良译. 珠海: 珠海出版社, 1998: 322-333.

[39] [美] 戴布拉·艾米顿. 知识经济的创新战略: 智慧的觉醒 [M]. 金周英等译. 北京: 新华出版社, 1998: 55-66.

[40] [美] 戴维·克雷恩. 智力资本的战略管理 [M]. 孟庆国, 田克录译. 北京: 新华出版社, 1999: 158-165.

[41] [美] 戴维·罗默. 高级宏观经济学 [M]. 苏剑, 罗涛译. 北京: 商务印书馆, 1999: 145-160.

[42] [美] 丹尼尔·贝尔. 后工业社会的来临 [M]. 王宏周等译. 北京: 商务印书馆, 1986: 78-90.

[43]［美］内森·罗森伯格. 探索黑箱——技术、经济学和历史[M]. 王文勇,吕睿译. 北京:商务印书馆,2004:11.

[44]［美］约瑟夫·熊彼特. 资本主义、社会主义与民主[M]. 吴良健译. 北京:商务印书馆,1979:67-75.

[45]［美］约瑟夫·熊彼特. 经济发展理论[M]. 邹建平译. 北京:商务印书馆,1991:35-38.

[46]［日］小宫隆太郎,奥野正宽,铃村兴太郎. 日本的产业政策[M]. 黄晓勇译. 北京:国际文化出版公司,1988:189-199.

[47]［英］安妮·布鲁金. 智力资本及其管理[M]. 赵洁平译. 大连:东北财经大学出版社,1998:88-89.

[48]［英］弗里曼. 日本:一个新国家创新系统[M]. 钟学义等译. 北京:经济科学出版社,1992:250-288.

[49]［英］克里斯托弗·弗里曼. 创新[M]. 张宇轩译. 北京:经济科学出版社,1987:77-98.

[50]蔡富有,赵启厚. 国外知识经济动态[M]. 北京:中国经济出版社,1999:33-35.

[51]陈伟. 创新管理[M]. 北京:科学出版社,1995:75-86.

[52]成恩危. 科技风险投资论文集[M]. 北京:民主与建设出版社,1997:132-135.

[53]成思危,(美)约翰·沃尔等. 风险投资在中国[M]. 北京:民族出版社,2000:35-40.

[54]冯照奎,张可喜. 技术立国之路——科学技术与日本社会[M]. 西安:陕西人民教育出版社,1997:57-59.

[55]方福前. 西方经济学新进展[M]. 北京:中国人民大学出版社,2006:181.

[56]冯之竣. 知识经济与中国发展[M]. 北京:中共中央党校出版社,1998:167-175.

[57] 傅家骥. 技术创新学 [M]. 北京: 清华大学出版社, 1998: 305-306.

[58] 傅殷才. 制度经济学派 [M]. 武汉: 武汉出版社, 1997: 25-28.

[59] 盖文启. 创新环境——区域经济发展新思维 [M]. 北京: 北京大学出版社, 2002: 89-92.

[60] 谷源洋. 发展中国家跨世纪的发展 [M]. 北京: 中国社会科学出版社, 1997: 77-78.

[61] 郭咸纲. 企业创新驱动模式 [M]. 北京: 清华大学出版社, 2005: 120-122.

[62] 黄亚钧. 知识经济论 [M]. 太原: 山西经济出版社, 1999: 77-79.

[63] 何翔皓. 当代中国的科学战略问题 [M]. 北京: 今日中国出版社, 1998: 125-150.

[64] 纪玉山. 网络经济 [M]. 长春: 长春出版社, 2000: 99-112.

[65] 纪宝成, 赵彦云. 中国走向创新型国家的要素: 来自创新指数的依据 [M]. 北京: 中国人民大学出版社, 2008: 590-625.

[66] 姜均露. 经济增长中科技进步作用测算 [M]. 北京: 中国计划出版社, 1998: 77-88.

[67] 李兆友. 技术创新论——哲学视野中的技术创新 [M]. 沈阳: 辽宁人民出版社, 2004: 282-285.

[68] 厉以宁. 论加尔布雷思的制度经济学 [M]. 北京: 商务印书馆, 1989: 89-91.

[69] 林绝. 美国市场经济 [M]. 兰州: 兰州大学出版社, 1994: 47-58.

[70] 刘鹤. 国外产业技术政策比较研究 [M]. 北京: 中国计划出版社, 1999: 57-69.

[71] 刘曼红. 风险投资 [M]. 北京: 中国人民大学出版社, 1998:

45-60.

[72] 柳卸林. 技术创新经济学 [M]. 北京：中国经济出版社，1998：77-84.

[73] 鲁志国. 广义资本投入与技术创新能力相关关系研究 [M]. 上海：上海三联书店，2006：65.

[74] 施培公. 后发优势：模仿创新的理论与实证研究 [M]. 北京：清华大学出版社，1999：99-105.

[75] 宋健. 现代科学技术基础知识 [M]. 北京：科学出版社，中央党校出版社，1994：135-146.

[76] 陶德言. 知识经济浪潮 [M]. 北京：中国城市出版社，1998：23-28.

[77] 路甫祥. 创新与未来 [M]. 北京：科学出版社，1998：75-77.

[78] 王春法. 经济全球化背景下的科学竞争之路 [M]. 北京：经济科学出版社，2000：75-78.

[79] 王压. 改革攻坚论 [M]. 北京：经济科学出版社，1999：120-128.

[80] 吴贵生. 技术创新管理 [M]. 北京：清华大学出版社，2004：10-12.

[81] 夏国落. 技术创新与技术转移 [M]. 北京：航空工业出版社，1993：77-85.

[82] 王伟光. 自主创新、产业发展与公共政策：基于政府作用的一种视角 [M]. 北京：经济管理出版社，2006：59.

[83] 谢康，陈禹. 知识经济思想的由来与发展 [M]. 北京：中国人民大学出版社，1998：67-68.

[84] 游光荣. 中国科学国情报告 [M]. 长沙：湖南人民出版社，1998：75-86.

[85] 张伟. 后发优势与贸易发展 [M]. 北京：中国社会科学出版

社, 2003: 75-86.

[86] 赵玉林. 创新经济学 [M]. 北京: 中国经济出版社, 2006: 11-12.

[87] 赵云喜. 知识资本家 [M]. 北京: 中国工商联合出版社, 1997: 132-145.

[88] 郑海航. 中国企业家成长问题研究 [M]. 北京: 经济管理出版社, 2006: 88-100.

[89] 中国社会科学院工业经济研究所. 2004 中国工业发展报告 [M]. 北京: 经济管理出版社, 2004: 69.

[90] 周寄中. 美国科学大趋势 [M]. 北京: 科学出版社, 1991: 75-78.

[91] 朱丽兰. 海外技术创新参考读本 [M]. 北京: 新华出版社, 1999: 123-138.

[92] 卓勇良. 挑战沼泽——浙江制度变迁与经济发展 [M]. 北京: 中国社会科学出版社, 2004: 190-200.

[93] [美] 美国国家科学技术委员会. 技术与国家利益 [M]. 李正风译. 北京: 科学技术文献出版社, 1999: 86-90.

[94] 经济合作与发展组织. 经济合作与发展组织科学技术指标 [M]. 北京: 科学技术出版社, 1989: 78-81.

[95] 经济合作与发展组织. 经济合作与发展组织科学技术指标 [M]. 北京: 科学技术出版社, 1992: 185-203.

[96] [美] 美国总统科学技术政策办公室. 改变 21 世纪的科学与技术——致国会的报告 [M]. 高亮华等译. 北京: 科学技术文献出版社, 1999: 77-90.

[97] [日] 日本通商产业政策史编纂委员会. 日本通商产业政策史 [M]. 朱来福等译. 北京: 中国青年出版社, 1996: 65-70.

[98] 世界银行. 1997 年世界发展报告: 变革世界中的政府 [M]. 北

京：中国财政经济出版社，1997：78-85.

[99] 外国经济学说研究会. 现代国外经济学论文选 [M]. 北京：商务印书馆，1998：46-50.

[100] 曹群. 基于产业群的区域创新网络构建 [J]. 理论探讨，2005 (2)：67-68.

[101] 陈昭楠. 美国政府信息技术研究的优先领域 [J]. 中国信息导报，1999 (7)：55-66.

[102] 陈丽珍，王术文. 技术扩散及其相关概念辨析 [J]. 现代管理科学，2000 (2)：56-57.

[103] 杜伟. 关于技术创新主体问题的理论分析与实证考察 [J]. 经济评论，2004 (3)：32-35.

[104] 范柏乃，陈卫东. 中国风险投资需求研究 [J]. 浙江大学学报（社会科学版），2002 (6)：87-94.

[105] 范红忠. 有效需求规模假说、研发投入与国家自主创新能力 [J]. 经济研究，2006 (3)：33-44.

[106] 冯昭奎. 从日本的制造业看中小企业的作用和问题 [J]. 未来与发展，1999 (4)：77-79.

[107] 官建成，余进. 基于DEA的国家创新能力分析 [J]. 研究与发展管理，2005 (3)：8-15.

[108] 郭熙保，胡汉昌. 后发优势研究述评 [J]. 山东社会科学，2002 (3)：58-62.

[109] 黄鼓. 自主创新与模仿创新利弊分析及建议 [J]. 中国科技信息，2006 (4)：33-36.

[110] 黄志敏. 中国科学成果难以转化内因探析 [J]. 科技导报，1993 (9)：88-89.

[111] 江兵. 国家技术创新能力分类与评价 [J]. 系统工程理论与实践，2002 (3)：88-92.

[112] 焦和平. 欧盟大力促进信息通信产业发展 [J]. 全球科技经济瞭望, 1999 (9): 11-14.

[113] 金川香. 面向新世纪的欧盟科技发展规划 [J]. 全球科技经济瞭望, 1997 (10): 35-38.

[114] 赖明勇. 经济增长的源泉: 人力资本、研究开发与技术外溢 [J]. 中国社会科学, 2005 (2): 32-46.

[115] 李赶顺. 发达国家产业结构的知识化及其经济影响 [J]. 世界经济, 1999 (8): 35-37.

[116] 李文博, 郑文哲. 企业技术创新扩散及其博弈分析 [J]. 决策参考, 2002 (4): 31-33.

[117] 李小平. 国际贸易的技术溢出门槛效应——基于中国各地区面板数据的分析 [J]. 统计研究, 2004 (10): 27-31.

[118] 刘金梅, 曾晓营. 日本发展高技术产业的政府行为 [J]. 科技导报, 1997 (3): 39-43.

[119] 刘新艳, 陈圻, 张新婷. 创新要素对新兴产业的牵引分析 [J]. 科技进步与对策, 2001 (24): 50-54.

[120] 陆德明, 张伟. 比较优势与后发优势——新世纪中西部地区经济发展战略的思考 [J]. 经济评论, 2001 (3): 15-20.

[121] 吕铁. 制造业结构变化对生产率增长的影响研究 [J]. 管理世界, 2002 (2): 87-93.

[122] 吕铁. 中国工业技术创新及韩国经验借鉴 [J]. 中共中央党校学报, 2007 (4): 63-68.

[123] 茅于轼. 技术、市场、交易费用 [J]. 科技导报, 1993 (4): 47-52.

[124] 梅永红. 自主创新与国家利益 [J]. 求是, 2006 (10): 15-17.

[125] 欧晓万. 异质性人力资本、市场需求对技术创新的影响——基于跨省的面板数据实证研究 [J]. 上海经济研究, 2007 (4): 84.

[126] 钱雪亚. 人力资本存量计量的合理视角 [J]. 浙江社会科学, 2005 (5): 44-45.

[127] 王丽娟. "后发优势"对落后地区经济发展的启示 [J]. 经济师, 2001 (10): 56-59.

[128] 魏杰, 谭伟. 企业自主创新的几个关键问题 [J]. 科学学与科学技术管理, 2006 (4): 7-10.

[129] 吴忠民. 后发优势与后发劣势 [J]. 科技导报, 2001 (6): 67-69.

[130] 徐冠华. 关于自主创新的几个重大问题 [J]. 中国软科学, 2006 (4): 1-7.

[131] 许箫迪, 王子龙. 技术创新的动力机制研究 [J]. 科技与管理, 2003 (5): 132.

[132] 杨鹏, 许晓雯, 蔡虹. 中国区域知识存量与 GDP 的实证检验 [J]. 科学学与科学技术管理, 2005 (12): 23-26.

[133] 杨万东. 提高自主创新能力问题讨论综述 [J]. 经济理论与经济管理, 2006 (5): 75-79.

[134] 杨小凯. 后发劣势 [J]. 经济学消息报, 2000 (12): 22.

[135] 叶帆. 试析自主创新的环境制约及其对策 [J]. 中共石家庄市委党校学报, 2006 (1): 8-11.

[136] 曾刚. 技术扩散与区域经济发展 [J]. 地域研究与开发, 2002 (3): 38-41.

[137] 张义梁. 国家自主创新能力评价指标体系研究 [J]. 经济学家, 2006 (8): 28-34.

[138] 赵更申, 雷巧玲. 不同战略导向对自主创新与合作创新的影响研究 [J]. 当代经济科学, 2006 (3): 18-23.

[139] 郑新立. 自主创新: 增长方式转变的关键 [J]. 求是, 2005 (18): 34-36.

[140] 周业安，赵坚毅. 市场化、经济结构变迁和政府经济结构政策转型——中国经验 [J]. 管理世界，2004（5）：9-7.

[141] 朱旭东. 迎接新世纪挑战的美国文化与教育现代化 [J]. 外国教育研究，2002（8）：134-145.

[142] 朱玉荣. 日本高技术及其产业发展述评 [J]. 中国技术经济科学，1998（1）：45-50.

[143] 池仁勇. 区域中小企业创新网络评价与构建研究理论与实证 [D]. 北京：中国农业大学博士学位论文，2005.

[144] 陆云航. 制度变迁与中国地区经济差距——实证研究 [D]. 北京大学博士学位论文，2006.

[145] 关伟. 大连高新区技术创新体系建设研究 [R]. 大连：大连高新技术产业园区管委会，2005：135-146.

[146] 吴仲国. 日本计划开发最高速计算机 [N]. 科技日报，1999-08-23（3）.

[147] 吴仲国. 日本着手开发环保新材料 [N]. 科技日报，1999-09-07（3）.

后 记

本书是在我博士学位论文的基础上修改完善而成的。有幸在"双一流"辽宁大学应用经济学学科里浸润并度过三年难忘的博士求学生涯，是我一生的幸运，同时也是我人生中的一次重要积淀。因为在这个环境中，不仅有着浓厚的学术氛围，同时还有着德行高尚、学富五车的教授。在这里我首先要感谢辽宁大学所有老师对我的培养。

我的博士论文能顺利付梓，离不开我的导师林木西教授的指引和教导，没有恩师的悉心指导，要完成这篇论文是无法想象的。无论是文献的搜集还是论文的选题，无论是论文框架的确立还是论文的写作行程，无论是提纲的拟定还是初、终稿的详细审阅，无一不凝结着恩师的心血和汗水。师恩难报，每每想到此处，我的内心就充满了感激之情，唯有在以后的工作和学习中加倍努力才可以回报老师的恩惠。恩师渊博的知识、笔耕不辍的治学和工作态度、对事业孜孜以求的精神，值得我毕生学习与追随。恩师豁达的胸襟、乐善好施的品格，不仅使我学到了知识，更使我的人生境界得到了升华。

我要特别感谢马树才教授、李华教授、张今声教授，他们在我的论文开题和预答辩过程中都给予了许多指导和帮助，使我能够在论文写作过程中少走弯路。

我还要感谢刘武博士。他兄弟般的关怀，使我在异乡的时光不再孤单，他适时的建议，使我获益匪浅。

王竹园博士的朴实和善良、黄学利博士的热情和豪爽,使我在回味博士生涯时感到弥足珍贵。

此外,曾祥炎博士、赵德起博士、陈素琼博士、危兆宾博士、李军岩博士、李峻博士、颜道成博士、韦有日博士、张术茂博士、刘颖博士、王璐老师在我攻读博士学位期间给予了许多帮助,在此一并向他们表示感谢。

最后,我还要感谢我的家人,他们对我的理解和支持,是我不断前行的动力。年迈的父母期待而仁爱的目光,永远是照亮我前行道路的火炬。儿子稚嫩的笑容,不仅让我体验到为人父的快乐,还激励着我全力以赴地投入学术殿堂中去。

郭红卫

2019 年 5 月 5 日于长沙